旅する看板絵

ガーナの絵師クワメ・アコトの実践

森 昭子

ブックレット《アジアを学ぼう》別巻㉑

風響社

ガーナ帝国
(11-13c)
現在の
ガーナ共和国
西大西洋

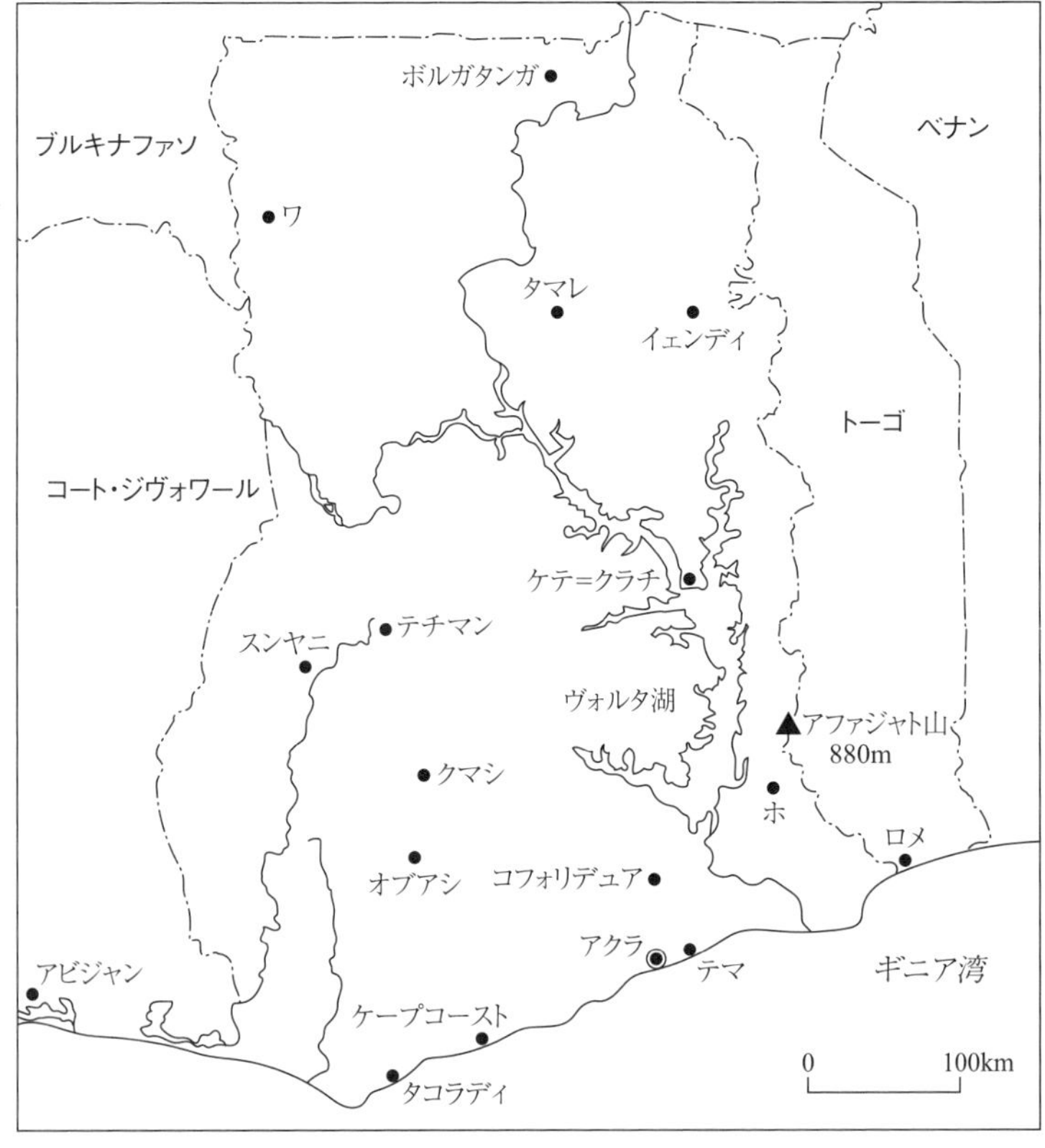
ボルガタンガ
ブルキナファソ
ベナン
ワ
タマレ
イェンディ
トーゴ
コート・ジヴォワール
ケテ=クラチ
テチマン
スンヤニ
ヴォルタ湖
アファジャト山
880m
クマシ
ホ
ロメ
オブアシ
コフォリデュア
アクラ
テマ
ギニア湾
アビジャン
ケープコースト
タコラディ
0
100km

旅する看板絵──ガーナの絵師クワメ・アコトの実践

森　昭子

旅のはじまり

ガーナと聞いて、何を思い浮かべるだろうか。ロッテのガーナチョコレートがロングヒットしたおかげで、名前だけは有名だが、どこにある国かと思う人も多いだろう。本書を手に取る方なら、サハラ以南最初の独立国家へと導いた初代大統領クワメ・ンクルマをご存知かもしれない。それでは千円札の野口英世はどうだろうか。野口博士が黄熱病の研究の最中に生涯を閉じた地は、ガーナの前身である英国植民地ゴールドコースト領だ。音楽ファンの方なら、ガーナで盛り上がったパームワイン音楽やハイライフ音楽を思い浮かべるかもしれない。サッカーファンなら世界有数の強豪であるナショナルチームのブラックスターをご存知だろう。

ガーナという名はニジェール川流域にかつて繁栄したガーナ帝国に由来するが、現在のガーナ共和国が位置するのは、本初子午線が北緯四度線~七度線と交差する赤道直下のギニア湾沿いである。コート・ジヴォワール、ブルキナファソ、トーゴに囲まれ、約二四万平方キロメートル、人口約二九〇〇万人で、国土の南半分はコンゴ・ニジェール語族のクワ語派の人々（アカン、エウェ、ガ・アダンメ、グアン族）と北半分はグル語派の人々（モレ・ダバネ、グルシ、グルマ族)、そしてマンデ語派の人々が住む多民族・多言語国家である。主要産業はカカオを筆頭とする農業、レアメタルや原油など地下資源も豊富だが、金鉱の不法労働や環境汚染などの社会問題も抱えている。

アフリカ大陸でも日本からの乗り継ぎの便があまりよくない西アフリカは、航空券も高くバックパッカーにも旅行しにくい地域だ。熱帯で高温多湿、乾季には季節風にのってサハラ砂漠からの砂嵐ハマターンが全土を襲い、雨季にはマラリア蚊が繁殖して人々は高熱に倒れる。だがそんなガーナこそ私が出会ってしまい、今では愛してやまない(そして時々ハラワタが煮えくり返るほど憎い)人々、芸術、芸能、生活がある、もう一つの私の故郷(メクロム)なのだ[1]。

私は最初からアフリカに関心があり、芸術や人類学の研究を志していたわけではない。学部時代は国際政治を専攻し、第二外国語はスペイン語を選択した。高校三年生の秋、中間試験の真っ只中に九・一一同時多発テロが発生しワールドトレードセンターの崩壊する様子がテレビでライブ放映されたことは衝撃的で、試験勉強どころではなかったのを覚えている。それがきっかけで志望の専攻を決めたのだが、同時に漠然と、将来いつか国際協力に携わりたいと考えるようになった。

その後、要件を満たした私は、青年海外協力隊に応募し二年間をガーナ共和国の農村で生きることを決めた。ガーナを選んだのはまったくの偶然で、その時募集していた職務が面白そうだったからである。こうして沿岸部の熱帯雨林と内陸部のサバンナ気候のちょうど中間の移行帯に位置するスンヤニという地方都市の森林局に派遣され、人付き合いの濃密な拡大家族やムラ社会の生活に入り浸り、森と畑という常に厳しい自然環境と向き合う日々に没入した。

青年海外協力隊は、首都に隊員宿舎を擁し、隊員総会や分科会のために隊員は上京する。その首都での滞在期間中、私は農村で生活していた時に聴いた音楽の作り手達に出会い、彼らを通じてアクラで芸能や芸術を生業にする人々に出会った。農村社会で身に付けたチュイ語[2]と立ち振る舞いをからかわれ、ピジン英語[3]を聞きながら延々と路上で過ごした。迷路のようなスラム街やゲットーにいたかと思うと、ドラマで見るような豪邸に出入りし、気づけば彼らの創作活動に巻き込まれていた。いわばヒップホップ・ギャング達との行動は、新たな都市生活の経験だった。

そんなアクラで見聞した芸能、芸術活動をＳＮＳやブログで発信していたとき、友人から日本の現代美術家がガーナの絵描きを探していると連絡が入った。それが小沢剛[4]と看板絵との出会いだった。小沢は当時、二〇一三年に横浜で開催されるアフリカ開発会議（TICAD 5）の文化事業[5]のために準備をしていた。送られてきた企画書にはこうあった。

> 日本人の僕としては三・一一後は、新作を考える時は、福島から目をそらせないでいる。福島で生まれガーナで死んだ野口英世の事を思い出し、彼を思わせる福島生まれのＮという男の生涯を絵にしようと思っている。なぜかその後復活し、福島で放射能の研究を始めるというストーリーも盛り込みたい。

アクラに滞在中だった私は、その後「帰ってきたＤｒ．Ｎ」と名づけられる展示の現地制作の委託業務を、二つ返事で請け負った。アクラで盛り上がるアート・シーンを横目に、自分が日本の現代美術と路上の看板絵との接点となり、私のなかで「アート」の地図が広がった。ギャラリーやアトリエを訪れキュレーターや画家の友人と時間を過ごすとともに、看板絵や絵師について彼らに教えてもらったりした。いかにも手描きの看板絵のありそうな、現地人の多く住むエリアを歩いて回り、道行く通行人やタクシーの運転手に質問して看板工房を訪れ、看板絵や制作の様子を見せてもらい、絵師たちと会話を交わした。信頼に足る人物だと思った数名に、看板絵プロジェクトについて説明し、制作依頼の交渉をした。

私を取り巻くアクラの芸能・芸術界隈では有機的に人脈が繋がり、日本や欧米諸国でされるような分野ごとの線引きが時に曖昧で、担い手や観客、そして興行側が領域を横断し、創出される空間が重なり合うこと感じていた。

アクラは広すぎず、都市としても大きすぎず、誤解を怖れずにいえば一部の人間にとりそれが可能な都市であると感じる。アクラ特有のコスモポリンタン的な、様々な背景を持つ者たちがピジン英語を共通語に表現活動を行うコミュニティに当時身を置き、その実、母語やルーツで自他を区別し合い、時に生き馬の目を抜き、たくみに交渉し、したたかに厳しい世界を生き抜く様を目の当たりにした。そして、私はやはり自分が二年間過ごした農村社会のように、チュイ語やガ語、ときにハウサ語を母語に、慣習とともに生きる絵師たちの営みに親しみを覚えた。また愚直な職人仕事、徒弟や家族、近隣住民の行き交う騒々しい掘っ立て小屋のような工房空間に惹かれた。そして彼らが日常の暮らしから生み出す芸術的営みと表現形式に魅せられた。

「帰ってきたＤｒ．Ｎ」展を見届けるために帰国した私は、日本のアフリカニストや人類学者の先輩たちの助言や存在に背中を押されて、看板絵と絵師の研究を志し、今に至る。帰国後、東京外国語大学大学院に入学すると、在学中に松下幸之助国際スカラシップの奨学生となり、二〇一六年から二〇一七年は再びガーナの地を、ガーナ人音楽家とのあいだにもうけた息子とともに踏み、ガーナ大学アフリカ研究所に留学した。

前置きが長くなったが、本書の目的はアフリカの路上でよく見かける「看板絵」はいったいどのようなもので、いかに生み出されるのか、そしてどんな世界が看板絵により構築されているかを看板工房での参与観察から綴ることである。看板工房は制作の場であり、家族や友人が憩うコミュニケーションの場であり、神に祈り信仰を実践するという、いくつもの場が重なり合う空間である。そうした複合的な空間で繰り広げられる弟子としての見習い生活、徒弟としての注文仕事、子連れの居候生活、そしてアサンテ人の日常生活を、看板絵制作を通して描写してみたい。絵師はその時々の条件や環境、着想やコミュニケーションといった状況を盛り込み、キャンバスやベニア板に塗り込める。そして看板絵は路上で雨風にさらされ人目を引くだけでなく、時に現地を離れて海外ギャラリーを巡り、作品として鑑賞され人々に新たな刺激を与える。看板絵には、日本の私たちが知っている「アート」とは一言では括れないような世界が広がっている。ガーナの古都クマシの看板工房で生み出されるそうした看板絵世界と絵師の営みを、読者の皆様に少しでもお伝えすることができれば、そして楽しんで頂ければ幸いである。

一　看板絵とは

1　アフリカの路上を彩る看板絵

アフリカの路上はカラフルで騒がしい。少なくとも西アフリカのギニア湾沿いの都市部では、人々は色鮮やかなプリント生地から仕立てた服をまとい、往来は人々の会話や車のクラクション、ラジオやテレビから流れる音楽で溢れ、露天商の陳列や軒を連ねる広告や看板の極彩色、といった風に目にも耳にも賑やかだ。ガーナも例に漏れない。色の見え方、映え方には、太陽光も影響している。午前一〇時を過ぎると太陽が真上にのぼり光が強すぎるので、屋外での撮影には向かない。農村で真昼間に畑仕事に出かけるのは自殺行為だ。屋外で仕事をするには、日が傾く夕方まで待たなければならない。

そのアフリカで、地域を問わずに街角でよく見かけるものがある。食堂や床屋を告知する手描き看板だ。絵や文字が入った広告看板は「看板絵（Sign Painting / Sign Writing）」と呼ばれる。それらを作る看板絵師は、商店の軒先に飾られる看板から、装飾棺桶[6]、模型の彩色、学校の壁絵、車体の文字入れなど様々な手仕事を一手に引き受ける。こうした制作が営まれる工房は大概大通りに面した立地で喧噪に包まれ、構造は至って簡素な掘立て小屋で、工房によっては屋根や壁がないことも珍しくない。そして絵師や家族や客以外の人々も出入りし、一日中話し声が絶えない開かれた空間である。

看板絵は視覚的にもインパクトがある。平面的な構図で素朴な絵と文字が並んでいるかと思えば、妙に立体的で

写真 1　美容院の看板絵（2013 年 2 月アクラ）

写真 2　美容院の外観（2013 年 2 月アクラ）

写真 3　スポット（居酒屋）の看板絵と外観（2013 年 2 月アクラ）

写真 4　コールドストア（冷凍肉屋）の店頭に立てられた看板絵（2013 年 2 月アクラ）

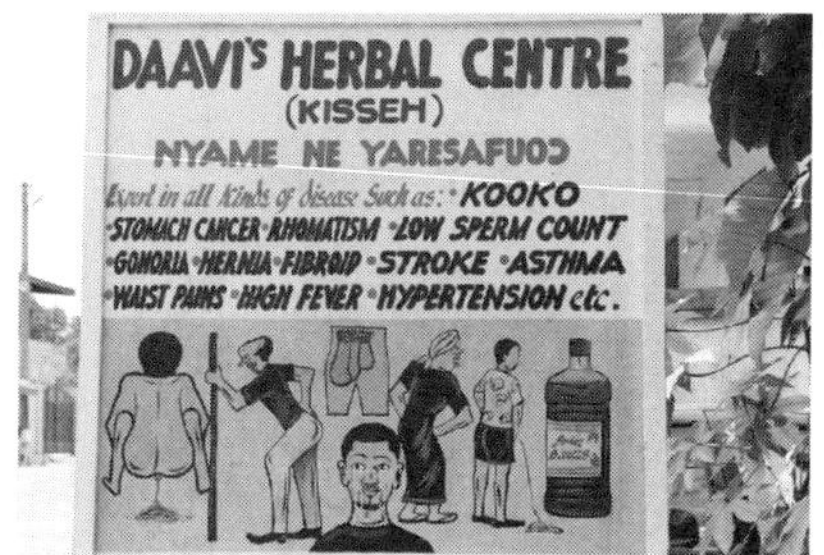

写真 5　薬屋の看板絵（2013 年 2 月アクラ）

写真 6　薬屋の外観（2013 年 2 月アクラ）

写真7　ニコラス・ワヨの看板工房の入口を飾るサッカー選手、アサモア・ジャンの肖像画（2013年2月アクラ）

写真8　黒人肖像画を路上に並べるシティボーイズ看板工房（2017年5月クマシ）

派手な色使いの肖像画があったりするが、どれもちょっと泥臭い、いや滋味豊かな味わいがある。看板絵の代名詞ともいえる床屋の看板は、アフリカ人の縮れ毛を美しく整える様々なヘアスタイルを絵柄で示し、その店によって顧客がどれほど魅力的になれるかわかりやすく伝える。人工毛（ウィッグ）を使った編み込みやストレートパーマ[7]だけでなく、ネイルケアやヘナタトゥ[8]も気軽に楽しむことができる美容院（ヘアサロン）[9]の看板もよく見かける（写真1、2）。

看板絵といえば食堂看板も有名だ（写真3、4）。ガーナの国民的主食フフ[10]、または論争の的ジョロフライス[11]など、その食堂（カンティーン）ではどんな美味しい食事が提供されるかを顧客に訴える。これら路上の商業看板に共通する、店主の信条とメッセージのこもった屋号、それに連絡先の携帯電話が堂々と入っていることも見逃せない。海外ギャラリーや美術カタログに収められることなく、現地でしか見ることができない目を引く看板絵といえば薬屋だ（写真5、6）。薬草や木の根は健康に良いとされ庶民の暮らしには欠かせず、薬草の知識は伝統的な儀礼にも欠かせない。一方、建国の父クワメ・ンクルマやサッカー選手アサモア・ジャンといったガーナにゆかりのある人物だけでなく、ジャマイカ出身のレゲエ歌手ボブ・マーリー、銃弾に倒れ夭逝した米国のヒップホップ歌手2パックなど、いわゆる間大西洋（Mid-Atlantic）の黒人文化圏[12]としての精神的紐帯、彼らにとっての英雄（ヒーロー）たちの大きな肖像画が、客寄せ看板として、また看板絵師それぞれの存在の表明として路上に飾られ、街の風景に溶け込んでいる（写真7、8）。

そんな奇抜な手描き看板に誘われて、外国人がお土産に小型の看板絵を路上で購入したりもする。最近は日本でも、原宿の路面店でアフリカの床屋の看板絵を飾っている雑貨屋を目にすることができる。

2　看板絵師とは

このようにアフリカの街の景色に溶け込み、外国人からも認知され始めた看板絵だが、それらを生み出す絵師とはいかなる存在なのだろうか。

基本的に商業看板も肖像画も四角いベニア板やキャンバスに描かれる平面造形で、絵筆で彩色することから、植民地時代に美術教育や識字教育が始まって以降に成立、普及したと考えられる。看板絵師は英語で「Sign Painter / Sign Writer」と呼ばれるように、絵を描くことと文字を描くことが主な職能である。絵師になるには、工房に弟子入りして親方のもとで指導を受け、徒弟として十年程度の修行や鍛練を積んでから独立するのが一般的だ。出身の地域や民族に関係なく、親が教史だろうが物乞いだろうが誰もが徒弟になることができるが、実際は親方は同郷出身や同じ民族や母語の弟子を取り、住居や食事など生活全般の面倒をみる傾向が強い。

仕立て屋や自動車整備工など、アフリカの都市部には統計数字には表れないインフォーマル経済を支える様々な徒弟制の職業があるが、看板絵師もその一つである。工房で文字の入れ方やデッサン、デザイン構成や絵の描き方を学んだ者は、絵師として成功する以外にも、各種のデザイナーや車の塗装屋、彫り師など様々な職に就いており、画家の中にもかつて工房で学んだ者がいる。このように看板工房はいわばインフォーマルな美術・デザイン教育、そして技術訓練を提供しているのだ。

それにしてもかつて無文字社会といわれた地で、どうしてこのように文字に溢れた広告看板や標識、サインを日常風景で目にするのだろうか。ガーナは、ゴールドコースト領になる以前の一五、六世紀にすでに都市国家が成立していたが、たとえばアサンテ王国の職人たちが生み出す真鍮の鋳物、王権の象徴である床几や傘、ケンテ(13)、そしてアディンクラ(14)と呼ばれる標章（シンボル）が示すように、西アフリカの他の地域同様に立体造形に優れた無文字社会でもあった［阿久津　二〇〇七：三二八―三九二］。そんなギニア湾森林地帯の人々が最初に文字文化に接触したのは、近隣諸国との交易だった。特にイスラーム伝道師がつくる護符には需要があり、沿岸部で取れるコラの実や金、木材と交換するコラ交易(15)により護符と精霊祭祀が沿岸部へ広がったという［石井　二〇〇七：二一〇―二一四］。ガーナ南部に住むのアカン系の人々は文字を目にする機会は少なく、文字には特別な力が宿っていると人々が感じていただろうことが想像される。

識字率の向上は、二〇世紀の近代化、都市化、そして教会や学校の増加に伴う。看板絵師はアカン語でチレチレニ（okyerɛkyérɛni）とも呼ばれるが、これは「学校教師」と同意語である。すなわちチレ（kyere）とは「教える」「書く」という意味で、ニ（ni）は「人」を指すため、「文字を描く人」「教える人」ということになる。識字教育が普及した現在においても看板絵師は文字と絵を自在に操る職能として人々に認知され、文字や絵にまつわるあらゆる依頼が看板工房には舞い込むのだ。

3　看板絵の歴史

さて、ここからは看板絵がどのように発達し、時代とともにどのように変遷したかをみていきたい。

イギリスにより一九〇二年にガーナの植民地化が完了するが、二〇世紀前半アフリカでは急速に、強制的な近代化、工業化が押し進められることとなる。ガーナ南部では植民地期に始まったカカオの生産が急速に拡大し、また金だけでなくマンガンやダイヤモンド、ボーキサイトの鉱山採掘が本格化し、北部から南部へ、農村部から都市部へと急激な人口流入が起こった［ボアヘン　一九九二、高根　二〇〇三］。農村から異なる言語、習慣を持つ人が流出し、

写真９　デジタル制作による印刷看板（2013年3月クマシ）

写真10　看板絵師ニコラス・ワヨの資料（2013年２月アクラ）

流入した新たな土地で様々な商売を始め、数々の市場が立ち始めた。すると、ここで何が売買されているかを人々に知らせる必要がある。植民地化とキリスト教の布教にともない始まった識字教育の普及で覚えたての文字を使い、また分かりやすく絵を入れて表したのが、看板絵の始まりと考えられている。

ドイツ人のアフリカ・オセアニアの美術・文学研究者のウーリー・ベイヤーは、雑誌『*African Arts*』でビアフラ戦争前後の複数号に亙り、ナイジェリアのオニーシャの街中でみられるど派手な看板絵や工房の活気ある様子、仕事や人生の希望を求めて地方の農村からやってくる若者の様子、そして都市部の絵師の気ままな制作現場を記している［Beier 1971］。

ガーナでは一九七六年にイギリス人の音楽人類学者ジョン・コリンズが、演劇とハイライフ音楽[16]の演奏による大衆喜劇（通称コンサート・パーティ）の舞台や客寄せ看板に、奇抜な看板絵が用いられていたことを克明に描いている。ウガンダのマケレレ大学と並び一九二七年にサハラ以南で最初の美術教育機関を設立したクワメ・ンクルマ工科大学（通称クマシ大学）では、一九八〇年代の美術学部の卒業論文に、タバコなどの外国企業が大人数の美術学部卒業生と看板工房の絵師を雇い大型看板を制作する様子が記述されている。

写真や映画、録音といった複製技術の発達による大衆娯楽が人々の生活に浸透してくると、看板絵師の仕事には写真スタジオの背景画、映画上映の告知ポスター、音楽ビデオの背景画の制作といった仕事が加わるようになった［Wendl 2001］。特に映画ポスターのおどろおどろしい描写や滑稽なデフォルメ、ビデオやディスク商品のイメージをつぎはぎした模写などは、駐在員や観光客だけでなく欧米のギャラリストなどにいまも熱烈なファンが多い［Wolfe 2000］。

だが、印刷技術やパソコンの普及、ＩＴ革命は、人々の暮らしに影響を与えたのと同様に、看板の形態と看板絵師の仕事にも影響を与えた［Cristofano 2014］。街中にはパソコンでデザイン、加工されたデータを印刷してバナー掲示する大型看板や、裏地がシールになっていて露店の壁面に貼れるステッカータイプの看板が目に付く（写真９）。確かに大人数の手描きで、フィリップモリスやブリジストン、ネスレ商品を横幅一〇メートルにもなる商業看板として制作する時代は終わった（写真10）。しかし、露天商の看板や贈答用の肖像画など、人々の生活に根ざした需要に応える細やかな看板絵仕事は今も旺盛だ。

写真11　看板絵師ダニエル・ジャスパーの資料（2013年２月テシ）

看板絵という形態は時代にあわせて変容がみられるが、それを生み出す職人仕事という視点から捉えてみると、今も変わらず需要がある形態のものがある。例えばタクシーや公共バスなど、車体に交通祈願の文言や装飾を入れるトラックアートと呼ばれる仕事は今も健在で、識字率に比べ格言や文言を街中で見かけることの多さに気付く。西アフリカに限らず東アフリカでは体躯が色とりどりに飾られた派手なマタトゥ[17]が通りを走りぬけるのを目にすることが出来る。そうした路上のデザインと密接な関わりを持つタンザニアの理容店に集う人々の行動や相互交渉から都市空間を分析する研究もある［Weiss 2009］。

ガーナに目を戻せば、郊外の港町テシでつくられる装飾棺桶は有名で、今も昔も大工が棺桶を作ったあとに彩色を施すのは看板絵師の仕事だ（写真11）。

首都アクラで看板絵師に舞い込む注文には、贈答用の肖像画も多い。豪華な油絵を上司にプレゼントしてオフィスに飾ったり、恋人たちの誕生日に繊細なモノクロの線描画がプレゼントされたりする。平面造形にとらわれると見失うが、絵を描き文字を書くという彼らの職能に着目すれば、看板工房には往年の床屋や食堂の看板のほか、模型や衣服や、時には学校の壁画など、様々な依頼が舞い込むのだ。

また現代のガーナ人にとっても、看板絵は身近な存在である。小沢剛のために現地看板絵コーディネーターとしてガーナで奔走していた二〇一二年、友人の音楽プロデューサー、パンジ・アノフから興味深い発言を聞いた。

「アクラの看板絵師 Painer を何人か知っているから紹介するよ。看板絵 Sign Writing はガーナの文化だよ。ガーナでは中学生のときに必ず看板の作り方を習うんだ。今はプリントされた印刷看板が多いけど、ベニア板でつくられた看板の方が長持ちする。プリントステッカーは三、四年くらいで消耗するけど、ベニア板の看板は七、八年くらいは持つよね」

実際、彼の言う通りガーナの中学校の技術の教科書には、看板のつくり方が具体的に記載されている。ベニア板や角材を使い看板を組み立て、下地を塗り文字入れをする、といった具合に細かい手順を説明する。さらに、美術やグラフィックの専門学校のテキストでも、レタリングやカリグラフィーといった文字入れの記述には相当数ページが割かれている。

日常生活においてもガーナの人々はバーの壁やタクシーの車窓の文言についてもよく覚えていて、笑いあったりする。文字を読む人も、読まない人も、会話の端々に共通の格言を加え、お決まりのフレーズで意思疎通を図る。それは農村部でも都市部でも変わらない。そして食堂や商店の屋号、タクシーの文言には、人々の大好きなフレーズや格言が散りばめられている。耳で楽しみ、目でも愉しむ。かつて無文字社会だったとは思えないくらい、街中の看板や窓や壁に、本当に多くの文字が溢れている。否、かつて無文字社会だったからこその、文字への執着というようなものを感じずにはいられない。

街中で今も看板絵に出合うことは出来るが、かつての看板絵にはもう出合うことはできない。屋外の木造看板は、雨や風に長年あたると劣化してしまう。アルファベットや数字を教える学校の壁画もいずれは朽ちる。また、かつてはベニア板で作られた広告看板は、使用され用済みとなって役目を終えると、新たに下地を塗りこめられ、次の看板に生まれ変わっていった。そのため一九八〇年代に流行したコンサート・パーティの奇抜でシュールな客寄せ看板は残っていない。コンサート・パーティが終わり、はたまた村の広場での映画上映が終わると、使用済みとなった客寄せ看板は、新しい興業や映画の宣伝のための絵や文字が上塗りされていったのだ。だから、残念ながら当時の興業看板は現物がほとんど残っておらず、文献でしか確認することが出来ない。まさに日常に埋もれた「アート」なのである。

二　看板絵を巡る考察

1　「芸術」としての看板絵

さて看板絵の制作管理の業務委託を始めた二〇一二年、私は偶然ガーナ人の美術史家であり画家であるリッキー・ワガメと出会い、「伝説の看板絵師」の存在を教えてもらった。「オールマイティを知ってるかい？　ガーナの看板絵プロジェクトなら、彼をメンバーに入れなきゃ」。それがクワメ・アコト、通称オールマイティとの出会いだった。ガーナ南部はキリスト教を信じる人が多いので、全能の神（オールマイティゴッド）は馴染みのフレーズではある。しかしまさか一個人に対

写真12　オールマイティが表紙を飾る雑誌『African Arts』2014年47巻2号

して呼んだことは、恐らく初めて聞いた。そしてリッキーがいうように、今や看板絵師オールマイティといえば、ガーナの美術シーンに欠かせない作家の一人だ［Kwawe 2007; Ross 2004,2014］（写真12）。

　ここで看板絵のように路上から始まった造形について考えるに際して触れておかねばならないのは、長年ザイールの「民衆芸術」の画家たちを追い続けたジェウシェヴィキの研究だろう。ザイールには白人入植者が現地人に美術の手ほどきを行った記録もあり、そうした駐在員らの注文と庶民の生活からいかに「民衆芸術」が生まれ、興隆したかを記述している。ザイール、現在のコンゴ民主共和国は旧ベルギー植民地で、レオポルド二世による凄惨な統治の末、多くの鉱物を埋蔵するカタンガ州をめぐり泥沼の東西代理戦争を経験し、パトリス・ルムンバの暗殺やモブツ・セセ・セコの独裁などを経てきたが、このような政治社会状況こそがキンシャサの民衆芸術から様々な作品を生み出し多くの画家を輩出したという［Jewsiewicki 1995, 1996］。

　さて、ここで「民衆」という語がついている。なぜ素直に「芸術」と呼べないかというと、それが「芸術 Art」の語源である西洋の価値基準に当てはまらないからである。「エリートでもない伝統的でもない、市井の人々による芸能、芸術（arts）［Barber 1987］」と定義されたポピュラー・カルチャー研究が示すように小文字の複数形こそがアフリカを始めとする非西洋の芸術・芸能であるという主張はすなわち、大文字の単数形が示す一人の天才によって作られる付加価値のある芸術（Art）には収まらないことを意味する。アフリカには確かに舞踊、音楽、演劇、詩学、建築、彫刻や仮面など、様々な芸能や芸術の形式があり、それは西洋で発生した定義に齟齬なく当てはまるものではない。それではクマシの看板絵師オールマイティや、キンシャサの民衆芸術家、シェリ・サンバやモケは、時代や土地固有の歴史が生み出した天才といえど、生活や民衆から生まれた造形だからという理由で、彼らは「芸術家」ではなく、つくられたものは「芸術作品」ではないのだろうか。

2 「モノ」か「アート」か

看板絵が人々の関心を惹くひとつの要素に、看板であり、絵であるという二重性がある。他の地域に目を向けると、看板というのはそれぞれの土地の歴史や慣習など、日常生活や商業活動を色濃く反映したものであることが分かる。例えば日本には豊かな看板文化がある。民具研究においてエドワード・S・モースや渋澤敬三は、商業民具として多くの看板を蒐集した［岩井 二〇〇七］。商工業が発達した江戸時代には、種々の造形、意匠を凝らした看板が路上に立った。衝立式の置看板は小間物問屋、紙屋、薬屋などで使われ、壁にかける掛け看板や、これを装飾的にした飾り看板、商家の軒先に吊るす軒看板、箱型で街路に置く箱看板や、屋根に取り付ける屋根看板、文字を使わず商品そのものを看板とする実物看板、醤油屋や油屋、茶屋などの容器をかたどった容器看板など、とにかく商売ごとに看板の種類が細かく分かれており、江戸の町人文化と市の盛況の様子がうかがえる［岩井 二〇〇七］。

ある造形のモノ性に着目する、というのも人類学と芸術の研究領域のなかで注目された。近代西洋的芸術（Art）がルネサンス以降の人間中心主義の中で生まれたことを踏まえ、人を中心にモノを眼差す(まなざ)のではなく、モノを中心にした社会関係を捉えようとする試みだ。モノの独自の関係性をみていくことは、モノそれ自体が持つ社会や体系、人との相互関係、交換可能な消費性、あるいは不可能性、ひいては大衆消費社会への考察につながる。

看板絵のモノ性に着目するならば、生活や路上のなかで作り上げられ、人々の手に渡り消費される諸関係であり、商業看板や興行用の看板は塗りつぶされて別の看板に生まれ変わるという再現不可能性もあるだろう。また複製や模写よる制作手法、身の周りの日用品から油絵を仕上げていくという道具とヒトの関係からは身体性や技法の問題が浮かび上がる、看板絵で埋め尽くされる工房空間や工房の壁に掲げられ人々を見下ろす肖像の数々に考えを巡らせば、看板絵が磁石のように人を引きつけ与える相互作用が指摘できる。そして完成した看板絵が人の手を渡り、海を越え、大陸を超え、ギャラリーや時にミュージアムに滞在して、再び人の手に渡る。あるいは留まる。その時には個別性、モノのライフヒストリーとしての看板絵の物語が描けるかもしれない。

3 「芸術／アート」を揺さぶる

看板絵の芸術性、そして絵師の芸術的営為に向き合うにあたり、アフリカの造形がどのように眼差（まなざ）され、表象されてきたか、その歴史を振り返っておきたい。

アフリカの人々による造形や意匠は、仮面や彫刻が「未開芸術」として取り上げられ、キュビズムとして近代西洋的芸術に取り込まれるなど大きな影響を及ぼしてきた。その影響力の大きさから西洋のモダンアートと前近代の仮面の親縁性を併置して展示するなど、一方を普遍的な芸術作品として、他方をモノとして対比するという恣意的な価値付けと権力構造が批判された［ルービン　一九八五、クリフォード　一九八八］。そして一九九八年、パリで開催された『大地の魔術師』展では、世界中から集められた作家と作品が近代美術の殿堂で一挙に展示された。しかしその実、近代西洋の現代アーティストと並びアフリカの民衆芸術や装飾棺桶などが「アート」として同列に取り上げられたという点で、西洋と非西洋の非対称性が浮き彫りになった。非西洋の造形のうち、なにがアートかを規定したのは西洋側であり、非西洋のうちに萌芽していた近代に挑戦する表現や作家はないがしろにされることとなったという批判が噴出した［川口　二〇一一］。ザイールの民衆芸術やガーナの装飾棺桶は、この時点で「アート」として担ぎ出された歴史があることに留意したい。だがそれは生活や路上から生まれた造形が発展をとげる契機でもあった。

　このパリの展示に応答する形で、アメリカではスーザン・ヴォーゲル(18)によりアフリカの造形を、伝統、新機能、都市、国際、そして絶滅したアートに分類して一挙に展示する試み『アフリカ・エクスプロアーズ』展が展開された［Vogel 1991］（写真13）。ヴォーゲルの試みは固有の背景を丹念に追う姿勢が評価されたが、分類が実態に合わない、または芸術の普遍的価値への試みは遠ざかったなどの批判もあった。評価の分かれる企画ではあったが、私はやはり実際に自分の目で見て、会場を歩き回り、展示を経験したかったと思う。その瞬間に立ち現れるもの、その場でしか感じられないものが、展示や芸術にはあるのだ。

　日本では世田谷美術館で開催された川口幸也による『インサイド・ストーリー』展、国立民族学博物館の吉田憲司と大英博物館のジョン・マック（John Mack）による『異文化へのまなざし』が試みられ、欧米とブラック・アフリカの二項対立に回収されない視座を示した。またナイジェリアの現地のアーティストの眼差しや営みからそのアートのあり方を逆照射する研究がなされている［緒方　二〇一七］。アフリカの作家による芸術作品や文化背景に迫る試みが地道に続けられ、看板絵をめぐる環境も徐々に変化している。

写真13　『アフリカ・エクスプロアーズ』展カタログ

　総じて人類学の芸術研究では普遍的な価値をもつとされる芸術を、周辺と呼ばれるような非西洋圏の芸術からの視座で解体することで、相対化が図られてきた［吉田　二〇一四］。また芸術は美学と決別して、働きかけるもの／作用するもの、つまりエージェントとエージェンシーに注目して社会関係に着目する方法や、美学との適切な距離を訴える研究がある。モノともアートとも受け取れる看板絵や職人的芸術家である絵師の存在は、周辺とされる芸術的営みや作品から「文化＝芸術システム」や芸術の普遍性を問い直す一助となりうる。また周辺状況における付加価値や制作実践を丹念に拾い、検証することは、中心とされるシステムや美学を揺さぶることにもなるだろう。自らが近代西洋のアートワールドに加担していることを認識しつつ、ふとした時にシステムから逸脱する事象や行為を捉え、やはり芸術的営みとしかいえないような行為、作品としか呼べないようなモノの物語をガーナの看板絵と絵師について記述することにより掬い取ることを目論みたい。

三　オールマイティゴッド看板工房への弟子入り

1　ガーナ大学、子連れ留学

さて小沢剛と「帰ってきたDr．N」を通して看板絵に出合ってから三年後の二〇一六年の八月。今度は看板絵と絵師の研究のために、私はガーナ共和国へ渡航した。首都アクラのコトカ国際空港は改修工事が進み、待ち時間三〇分という記録的な速さでスーツケースをピックアップし、入国手続きを通過した。空港ではガーナ大学の国際学生センタースタッフが「Shoko MORI」とプラカードを掲げて出迎えてくれた。

ゲートを出るとむわっとした熱気に包まれ「ガーナに帰ってきた」という安堵感と、二歳の息子を連れた留学生活という緊張感に、身が引き締まる想いだった。しかしイスタンブールで一〇時間以上のトランジット待機、合計約二〇時間のフライトという長旅は、何しろ疲れた。ガーナ大学が用意してくれた小型バスにスーツケースを詰め込み息子と乗り込むと、生ぬるい夜風に当たりながら土ぼこりと湿気に歓迎された。

私のアクラ生活は、いつも数拠点を往復する。生存環境や都市生活の厳しさから、富裕層であれ貧困層であれ、現地人でも外国人でも、様々な形で相互扶助が強く働くので、私は歓迎してくれる人々を相当に頼り周囲の世話になって生き延びる。息子の父親である音楽家のワンラヴ・ザ・クボローは、当時ノース・カネシ地区に録音スタジオを構えていたので、この庶民の下町でもたくさんの時間を過ごした。私達は非婚・別居スタイルで世界に拡散し、家族的紐帯のようなものでゆるくつながり生きている。

冒頭に述べたアクラのある種のコスモポリタン的なコミュニティに接続すると、常に芸術、芸能にまつわるイベントが目白押しで、休む暇がない。フランスやドイツの文化団体が主催する大型イベントでは時にアフリカ諸国の芸術家や音楽家が招聘され、国際的なイベントが開かれる。近年出現した数々のギャラリーでは現地の若手の芸術家の展示やトークショーが開催される。クマシ大学の美術学部の在学生・卒業生による展示や、ガーナ大学では演劇や文学系のイベントなど、アカデミックの勢いもある。

写真14　入れ違いで帰国した親友と、ホストファミリー（2017年1月アクラ）

「私の実家に住みなさいよ。私がオランダに戻る間、部屋が空くわ。女性や子どもがたくさんいて子育てしやすいと思う。ガーナ大学のすぐ近くだから通学にも便利よ。」

移動が便利なアクラの中心地に留まっていては情報の渦に巻き込まれてしまうので、そこから少し離れ緑も多く落ち着いたガーナ大学真裏に位置する、親友の実家にホームステイさせてもらうことにした（写真14）。女性が共同で家事育児を行い、拡大家族で互いの子どもの面倒をみるという親友の実家スタイルは、私がこれまで農村社会で見てきた母系制[19]の生活実態に近いものがあり、ガーナでの子育てとしては理想的に思えた。それでも振り返ると移動の多い、刺激的な留学生活であり、常に旅をしているような一年だった。二歳の息子の吸収は早く、周囲のチュイ語、ホームステイ先のエウェ語、そして英語の語彙を生活から拾っていった。親友イトコのベビーシッターのおかげで、息子は留学中にオムツが外れ、現地食を毎日美味しく食べ、同年代の子たちと毎日遊んで喧嘩し、成長した。

アフリカ研究所の客員研究員（Visiting Research Affiliate）としての受入れ手続きが済み、アカン美術が専門の指導教官アモア教授と面談して一年間の留学計画を立てると、キャンパスライフが始まった。親友のイトコに日中息子の乳母を頼むことにして、自転車を借りて颯爽とレゴンの森と広大なキャンパスを走り抜けて、講義や図書館に通った。講義や資料読解の合間には大好きな熱帯の完熟フルーツやナッツを道端で食べ、時にはクラスメートと校内の学食に出かけたりした。学部の留学生はアメリカからの短期留学生が圧倒的に多い。また学内には中国資本で設立された孔子学院もある。しかし大学院クラスになると他のアフリカ諸国からの留学生が多くなる。カメルーンから来た留学生は、治安の心配をせずに女性一人でキャンパスの外を歩けること、トロトロ[20]に乗っている時のコミュニケーション、道端で焼きバナナを食べること、全てが楽しいと話していた。他にもナイジェリアから留学している姉妹はメイクも装いもお洒落で、アクラでの新生活をすでに堪能しているようだった。ガーナ人男性のクラスメートの一人はハイライフ音楽が好きで、生演奏が聞ける有名なレストランで何度か遭遇して仲良くなった。

指導担当のアモア教授に、フィールドリサーチについての社会学的手法の講義を受講すること、ガーナ大学にある看板絵、アフリカ近代美術に関する文献をまとめてサマリーと研究計画をを提出することを指導された私は、一年間の留学生活のうち前半の半年間はアクラでキャンパスライフを送りながら首都アクラの看板工房を訪ねるフィールド調査を行うこと、そして後半の半年間はアクラのキャンパスを離れて、クマシでフィールド調査を行うことを決めた。目指すはスアメ地区にあるオールマイティゴッド看板工房（アートワークス）での参与観察だ。

2　クマシへ

アクラでのキャンパスライフは順調に進んだが、子供を乳母に預けながらの看板工房調査は、時間制限があり難航した。ガーナ大学のあるレゴン地区と、看板工房の多い下町やスラムはトロトロでの移動に片道一時間以上は要し、毎日くたくただった。だが小沢剛の看板絵プロジェクト以来なじみとなった看板工房を訪ね新しい徒弟と交流するのは楽しく、近年増えているグラフィックデザイナーの事務所や印刷所も調査した。偶然にも、人生半ばにして牧師となった息子のガーナ人祖父が開いたペンテコスト主義的な独立系教会[21]に毎週日曜通う機会を得たことは、オールマイティの生活や思考を理解する助けになった。またエウェ族の人々の信仰するヴォドゥンの儀礼[22]に参加して、キリスト教徒の多いガーナ南部では非難されることの多い土着の宗教観に関して映像上映会[23]にパネリストとして登壇し、現地の現代美術家と信仰実践について意見交換し表現し合うなど［Adjei 2019］、刺激的な都市生活を送った。「キリスト」や「マミワタ[24]」などは看板絵の頻出テーマでもあるので、人々の生活の中でキリスト教的規範や土着の宗教実践がどのように結びついているかを知る意味でも重要だった。息子が三歳になる頃には留学生活も半年が過ぎ、私はクマシへの移住と参与観察の下準備のため、一度オールマイティを訪れた。

写真 15　オールマイティゴッド看板工房のファサードの看板群（2017 年 2 月クマシ）

　オールマイティは変わらずクマシのスアメ環状道路にいた。けたたましいクラクション、賑やかな往来と露天商、目印のファサードには、以前訪れたときと少し異なる看板絵も飾られていた（写真15、16）。工房空間へと進むと、奥にある大きな木の下にイーゼルを置く様子は変わらないが、立派な小屋が建てられていた。アトリエとしてこの中で作業をしているのかと思ったら、

写真16　隣の車輌部品屋にはタイヤやエンジンが山積み（2017年2月クマシ）

そうではなく作品や画材をしまう倉庫だそうだ。クマシに数か月間滞在して調査をしたいこと、そして弟子入りしたいことを伝えると、以前外国人のコレクターが来たときに泊まったという近くのホテルを紹介してもらった。しかしここに数か月間住むとなるとかなりの出費になる。その晩は息子とオールマイティの家の一室に泊まらせてもらった。オールマイティには娘が三人いるが、長女は沿岸部のケープコースト大学に進学して寮住まいのため部屋が空いていたのだ。これまでに外国人がこの家に泊まったことはなく、二〇一三年の「Dr．N」の看板絵制作のときに私が一泊したのが初めてで、それ以来だという。

オールマイティ夫妻は看板絵の写真撮影や販売時の価格交渉、また自宅の安全管理についてとても用心深い。翌日居間のソファに座り、オールマイティの妻であるフォスティーナも一緒に、私の弟子入りと住居について会議となった。妻フォスティーナが加わると金額交渉はさらに厳しくなった。見習い料金、部屋代と食事代、習作をオールマイティの署名入りで販売することが出来る権利を提案され、彼らの商売っ気を感じた。絵を売るつもりはないと不要な権利は削り、子供を抱えた無収入の貧乏学生であることなどを主張した値下げ交渉の末、そこそこの価格で弟子入り生活と食事と安全を確保することが出来た。ホテル住まいと違い、広々とした居間、バルコニーがあることも、子供が走り回るスペースを考えるとありがたかった。何より面倒見がよいオールマイティ夫妻を信頼していたので、子連れで一緒に住むには安心だった。弟子入りが決まると、オールマイティ師匠は私のフィールドノートを取り上げ、人と山のラフ描線画と、文字を描き始めた。

「私は登る」と言う少年は、丘の頂上に登るだろう。しかし「私は登れない」と言う少年は、地の底に留まり続けるだろう。

（The little boy who says I will climb will climb to the hill top. But the little boy who says I can't will remain at the bottom end.）

格言好きなガーナ人らしい表現だと私は感じた。会話も格言や諺の応酬だが、このようなタイミングで言葉を人に授けるという行為も、実にガーナ人らしい。ノートに記したその言葉を読み上げ、「看板絵師になると決めたら、そのように頑張りなさい」ということを居間のソファで言われたことを覚えている。今まで外国人の弟子を取ったことはなく、また弟子を家に住まわせたことはないので、私は例外である。通常、現地人の弟子入りの際には入門料金は取らないし、工房の小屋に住まわせたり、自宅の庭の手入れをさせることはあっても、自宅に入れたことはないという。普通のガーナ人の邸宅では、様々な人が出入りする光景を目にすることが多い。親戚や拡大家族、隣人などが挨拶に立ち寄り、世間話をする。しかしオールマイティとその家族にとって、そのようなコミュニケーションの場は工房であり、自宅ではない。自宅に人を招かない、入れないというのはかなり変わっているように私の眼には映った。しかしオールマイティとその家族にとっては工房で過ごす時間の方が長く、工房は立地的にも構造的にも社交場として機能している。

私は息子を連れて一旦アクラへ戻ると、荷物をまとめてクマシへ移住した。長距離バスの移動は、幹線道路の整備が進み、アクラ・クマシ間は五時間ほどに短縮されている。そうはいっても長距離バスのステーションへの移動などの時間を含むと移動はやはり一日がかりで、大型スーツケースをかかえ息子と一緒にスアメの工房に到着したのは午後六時頃、日も暮れかけていた。長旅で正直へとへとに疲れ果てていて、早くオールマイティ夫婦の家に荷物を移動するなり、準備してくれている夕食にありつきたかった。ちょうど店じまいの直前で、画材が青空工房に並べられていた。すると師匠は疲労困憊の私に言った。

「ヤー、お前は今日からこの工房で学ぶ弟子だ。利き腕はどちらだ」

私は木曜生まれの女性という意味の「ヤー（Yaa）」とガーナの人々に呼ばれている。ガーナでは曜日・性別毎の呼称があるが、私はスンヤニに住んでいた頃のホストマザーにあやかりそれを通称としている。アサンテ族にはかつてヤー・アサンテワ（Yaa Asantewaa）という勇敢な王母がいて、銃を携えイギリス軍と戦った女傑だったことから「ヤー」というとしっかりした強い女性、というイメージがある。通常、外国人女性はなぜか「アコスア・オブロニ（Akosua Obruni）」と誰彼かまわず呼びかけられる。日曜生まれの外国人（白人）、という意味だ。

利き腕だが、私は右利きである。弟子の一人を呼びつけると、小さなキャンバス生地を作業台に釘で打ち付けさせた。私は緑色の塗料を右手に塗らされ、オールマイティに言われるがままに利き手をキャンバスに押し付けた。キャンバスを埋めろと言われて、右手の手形を敷き詰めた。余白があると指摘されて、今度は指先だけで跡をつけ余白を埋めた。完全な緑色の手形は一〇個、不完全な手形が一五個。不気味である。

「今度は目を描きなさい。鏡を見ながら自分の目を鉛筆で描いて、色を塗りなさい。お前はこの工房で、目と手を使って、学ぶのだから」（写真17）

私は正直、面食らった。これはいわゆる食堂や床屋の看板絵ではなく、彼がよく描く自画像やキリスト像、悪魔像といった意味のありげな肖像画でもなく、手と目という身体の部位の寄せ集めの落書きのようなもので、まるで遊びのように思われた。しかしこの時は到着したばかりで、汗と砂塵にまみれ、とにかく疲れていた。目を描くのは明日でも良いか尋ねると、納得してくれた。オールマイティは夕暮れの暗い中作業をするのは厭うかと思っていたので、店じまい直前にこんな手形の作業をするのは予想外だった。

　店じまいを始めると、弟子に私のスーツケースを自宅まで運ぶように指示した。幹線道路沿いの工房から、自宅まではバラック小屋や整備工場、廃車や家畜小屋の間を抜けて、未舗装の小径を辿っていく。年々巨大化するドブ川を渡ると、コンクリート製の邸宅が現れる。そこがオールマイティの自宅だ。案の定、息子は疲れ果てて暗闇のなかを歩けず、私は途中から彼をおぶって歩く。私の両手は段々と痺れてくる。弟子入り生活の間、こうして私はほぼ毎日、店じまいした工房からオールマイティの自宅の小径を、彼をおぶって歩くことになった。

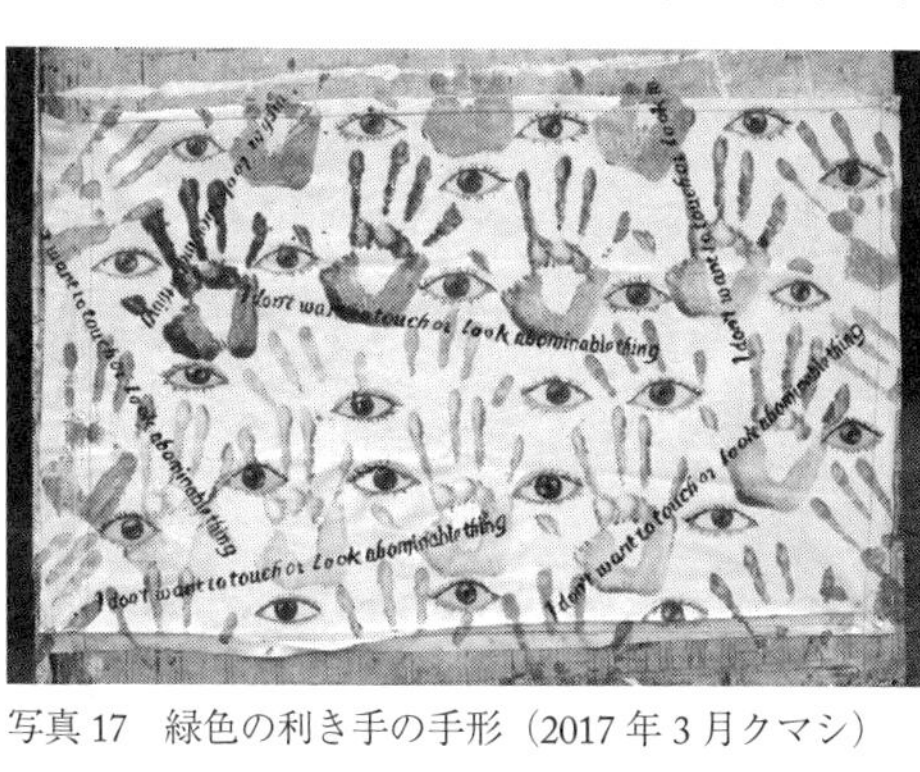

写真17　緑色の利き手の手形（2017年3月クマシ）

　到着の翌日から二週間は文字入れを練習するという、通常の新入り弟子の修行コースに軌道修正された（その詳細は次節「3　弟子生活」に記述）。文字入れを練習していた間、緑色の手形たちは、ベニア板に打ち付けられたまま待機していた。そして文字入れの練習が終わったある日のこと、オールマイティに指示され、私はひたすら自分の「目」を緑色の手形の隙間に描き続けた。まずは自分の手鏡で自分の目をみて、鉛筆で下書きをする。右目と左目を余白に描き込むこと合計二四個。次は目に色をつけていく。工房にあるのは五色のエナメル塗料で、全ての色をこの五色の組み合わせで表現する。「色を混ぜること（ミックシングカラー）」はとても大事なことだとオールマイティは言った。白目、黒目、肌、睫。数日費やして完成した。

しばらくして、工房につばの付いたキャップ帽子に文字入れをする注文仕事が舞い込んだが、同じ頃、私も型紙で次の文字を手形用にステンシル[25]しろといわれた。

「私は、忌まわしいものに触りたくない、見たくない（I don't want to touch or look abominable thing.）」

これまた私は意表を突かれた。この言葉は「触らない、見ない」という意志表明のように読める。これはオールマイティが創作した文言だが、私にそのような決意を表明させた、とも考えられる。外国人の弟子を取ることは、外部からの侵入者を受け入れることでもある。しかも自宅の一室を与え、私は物理的にも彼の生活圏内を侵している。これは私という異質者を受け入れるための通過儀礼のように思われた。

ここでいう「忌まわしいこと」は一体何だろうか。これまでのオールマイティの言動からは、不正や窃盗などの世俗的な行為とともに、キリスト教以外の神や精霊を信仰するという行為の二つを忌避するように思われた。オールマイティは、乞食や物乞いにはささやかな施しを与え、捨て猫には餌をやり、交通事故が多い崖のカーブには自動車事故の凄惨さを描いた看板絵を寄贈するなど、身辺の社会的弱者を労わり彼が社会貢献だと考える行動をしばしば実践した。そして工房での談話の半分以上は聖書の解釈や、身の周りで起きる不幸や不健康についてで、それらがいかに悪魔や妖術の仕業であるか、工房を訪れる友人と聖書を片手に語っていた。彼の日常の行動や思想から考えると、そうした彼が考える「忌まわしいもの」と考えるものとの接触を避けるよう、私は誓いを立てさせられたことになる。そして看板絵師になるための技術を習得するのに最も大事だと彼が考える「利き腕」と「目」を描くことで、私は弟子入りを許されたのだろう。

写真 18　朝、工房に出勤して飾る看板絵（2017 年 2 月クマシ）

写真 19　師匠のお気に入りの食堂（2017 年 3 月クマシ）

3　弟子生活

工房に到着した翌朝の出勤初日、私が教えられたのは、工房とトイレの掃除だった。倉庫の鍵を開けたら掃除用具や工房に飾る絵、師匠の描きかけの看板絵や道具を出して、箒で表通りを掃除する。ゴミは大抵の場合は落ち葉とプラスチックである。飲料水や食事にお菓子など、ここでは全てがいわゆるビニール袋に小分けにされ売られている。次に青空工房の全体を掃いて、通りや工房内に飾る看板絵を設置する（写真18）。同時にもし断水でなければ、バケツや、食用油や水などを運搬するのに欠かせない黄色いプラスチック容器イエローガロンに水をためておく。断水であればイエローガロンに貯めてある水を少しバケツにもらい、洗剤と箒をもってトイレ掃除をする。工房に飾られる看板絵は、土ぼこりをかぶるので定期的に布で拭く。工房を開ける準備が一息ついたところで、木陰の椅子で朝食を食べる。熱帯気候でこの作業をこなすのは結構な肉体労働で、私はこれだけでクタクタだった。

だが食費込みの弟子料を納めていることもあり、オールマイティと一緒に毎度豪華な現地食を堪能した。弟子入り初日は近所で買ってきたバンクー[26]とスープで、バンクー一玉は首都で売られているよりも大きく、スープは野菜も肉もたくさん入っていた（写真19）。食事は、地方の方が豊かで、安上がりだ。ご飯を食べるときはオールマイティに呼ばれて一緒のテーブルにつき、小さいテーブルを出して息子もそこに加わった。このスタイルは弟子入り期間中ずっと続いた。他の弟子はいつも離れたテーブルで食べたり、もしくはオールマイティが食した後のスープにフフやバンクーなどの主食を追加して、食べたりしていた。食事を別々に取るというガーナでは一般的な習慣だ。それに従って言えば、私と息子は客扱い（ゲスト）で、一線が引かれていることにもなる。しかし本当に客を最上でもてなす場合は、客とも同じ卓上にはつかないので、この場合はより同等の友人として接している意味合いが強い。また私の息子にフフやバンクーを分け与えたりしていたことを考えると、身内や家族として扱っていたように感じた。毎度の食事は様々で、弟子入り生活の間、食生活は常に充実していた。オールマイティはグルメで、美味しい食堂（カンティーン）をよく知っていたので弟子を買いに走らせていたし、妻フォスティーナは昔食堂で働いていたプロでもあったので、家庭食とは思えない豪華なジョロフライスやフフを工房や自宅で作り、私と息子はその恩恵を一身に受けた。

　オールマイティには常駐の弟子が二人いて、私は兄弟子をもったことになる。兄弟子といいつつ、私の方が年齢も上で外国人で、おまけに子供のいる母親でもあり、相当な配慮を受けた。特に工房に常駐している弟子Pは、私にいろいろと教えてくれた。両親は教師であり英語も話すので、分からない現地語を彼に教えてもらったりした。弟子たちと交流するなかで、彼らはオールマイティを「師匠（マスター）」と呼んでいたので、それに習い私もオールマイティを「マスター」と呼ぶようになった。

　呼び名は関係性を表す。私は出会ってからそれまでオールマイティのことは「エジャ・クワメ（Agya Kwame）」と呼んでいた。エジャとは目上の男性に対する敬称で、血縁に関係のない呼称だ。親しい間柄でも呼べるし、見知らぬ男性に敬意を表すために「エジャ」と呼びかけることも出来る。血縁のある目上の男性には「オファ Wɔfa」と呼びかける。特に母系制であるアサンテ人は母方オジをオファと呼ぶ。オジに対する様々な呼称があるが、長年私は「クワメおじさん」、いや日本の感覚では「クワメ父さん」と呼んできたわけだが、この弟子入りから彼は私のマスターとなり、私は彼の弟子となった。私にとっては、三年前に看板絵を注文をしたことがある長年の友人、元顧客という関係から師弟関係に切り替わったわけだ。絶対的な立場の違いを表す師匠(マスター)と呼ぶときは自分も弟子モードが入る時である。

　弟子生活では、日中はイーゼルを立てて看板絵の制作に取り組んだり、車や日用品など工房に持ち込まれた多様な形態や素材のものに文字や絵を描き込むなどの看板絵仕事がほとんどだったが、弟子Pたちとはそのような工房の営みを支えるための多くの雑用をこなした。工房内の仕事も、工房の外での仕事も、赤道直下の日差しのもとでは外国人である私にとり重労働で、いつも脱水症状気味だった。首都アクラでの共同生活と比べるとよく体調を崩していた息子は、今思えば自動車整備工場に囲まれた工房、ドブ川と家畜小屋の真横にある住居という周囲環境の、排気ガスや糞尿まみれの土埃の舞う生活は、あまり衛生的ではなかったのかもしれない。とにかく私は食事を買いに遣わされるだけでも弟子Pのように徒歩で往復できず、また彼が出張して炎天下で看板絵仕事を行う様子を観察するのにも、木陰がないと全工程を見届けるのは難しかった。

　食事の買出しのほかで最も多い雑用は、画材を買いにいくことだった。目と鼻の先のガソリンスタンドに行き、数十円分だけのガソリンを買うと、持参したプラスチックガロン容器に液体を移して工房へ持ち帰った。師匠に言いつけられて、弟子Pとはタイヤやエンジン、ネジや金属機器など、あらゆる自動車の部品を売っている通りを歩いて、塗料屋を訪れたりもした。エナメル塗料は、車体に吹き付けて着色するため、車輌部品屋(カーパーツショップ)と並んでそこいらで売られている。赤、黄、青、白、黒の五色の塗料をそれぞれ持参した缶や店の空き缶に入れると、二人で両手に塗料を下げて歩いて帰った。師匠が分類するに、彼の工房でつくる看板絵は「油　絵(オイルペインティング)」であるが、専用の油絵の具も、絵の具を溶く専用の油も必要ない。ここは自動車整備工場(マガジン)の町、スアメ。画材屋が無ければ、現地で調達できるもので看板絵を作り上げる。地方をつなぐ幹線道路沿いの立地、そしてガーナ随一のマガジンでもあるので、ガソリンスタンドもいくらでもあるし、部品屋と並んで塗料屋もどこにでもある。現地で手に入る素材で、目的に

写真20　近所の幼稚園に入園した息子、教室での様子（2017年3月クマシ）

適った物を作り上げていく。仕事も生活も、現地で調達できる材料で営まれるのだ。

弟子入り生活の間、師匠夫婦とも相談して息子を近所の幼稚園に預けることにした（写真20）。自動車整備工場に囲まれ、工房にも車が出入りするため、幼児が日中過ごすには危険が多いことを師匠も危惧していたからだ。実際に、数年前に近所の子どもが工房で遊んでいた際にトロトロが気付かず進入してきて子どもが亡くなる事故があり、彼は大変心を痛めていた。息子が通うことになったのは現地のキリスト教系団体が運営する幼稚園で、オールマイティの娘達も卒業したところであった。朝、工房へ出勤するときに幼稚園に送り、午後二時頃に迎えに行く。何度か弟子Pにお迎えに行ってもらったこともあった。午後二時のお迎え以降は工房で子守をしながらの仕事になるので、息子を幼稚園に預けている間が仕事の勝負だった。

日が暮れ始めると、早いと午後五時くらいに工房を閉める準備を始める。フォスティーナが夕飯を工房でつくるときは、そのまま夕食を食べてからの帰宅となる。店じまいは、描きかけの看板絵、イーゼル、塗料や絵筆、油汚れを拭く雑巾（ダスター）など画材一式を納屋にしまい、工房の路面に飾ってある数点の看板絵も回収する。暗がりの中で夕飯を食べるときは明かりをともすが、停電のときは携帯用の小さな照明（ライト）だけで手元を照らす。時に突然の雨（スコール）に降られることもあり、そうすると納屋に入って雨が上がるまでひたすら待つ。弟子入りしたのはちょうど乾季だったため、雨はそこまで長くは続かず、濡れて帰ったことはなかった。いつかは止むから、降っている間はどこかの庇に入り、雨宿りをする。それが雨のやり過ごし方だった。

4　文字入れの技法の習得

さて、工房到着の翌朝、弟子入り初日に戻る。昼ご飯のバンクーを食べ終わると同時に、文字を描く技法(レタリング)の訓練が始まった。弟子入りして最初にやることは文字を描く練習をすることで、弟子Pは最初の三か月間はずっと文字を描く練習と、文字入れの仕事だったそうだ。私も師匠の指示通りに、駆け足ではあるが普通の徒弟コースを歩むこととなった。絵ではなく、他のなにでもなく、先ずは文字を描けるようになることが、看板絵師の仕事なのだ。習得の順序というのは、習熟度による難易度もあるだろうが、その職能における優先度を表しているように思われる。そして文字を描く、ということを成立させるには、実際にはたくさんの工程と技術が必要なのだ。

文字練習のための下準備の工程だが、練習に使う五〇センチ平方のベニア板を、使い込んだ木のイーゼルに固定しなければならない。それがまず一苦労で、私の非力では到底出来ず、毎朝弟子Pに助けてもらわねばならなかった。工房には年季の入ったイーゼルが何本かあり、各々がその日の作業用に持っていくのだが、どれも古くて倒れ易く、かつ材質は硬い。程よい高さの位置になるよう、弟子Pに正方形のベニア板を細いネジでイーゼルに打ち込んでもらい、ベニア板とイーゼルを固定する。座って作業するための木の長いすが工房にはいくつかあるのだが、これまた年季が入っており、朽ち掛けている。おまけに地面のアスファルトはでこぼこしていて全く平らではない。不安定な椅子、斜めの地面、おんぼろイーゼル、この三つのバランスが取れる黄金率を探して、やっと作業が始められる。今思うと、なぜ昼食用のプラスチック椅子を最初から使わなかったのかと思う。しかし、弟子たちは大木の木陰という限られた作業場で、イーゼルと長いすを組み合わせて使っており、私も迷いなく彼らに従ったのだ。そして午前と午後で日の傾きが変わると、木陰を追って、師匠も弟子もみなイーゼルと椅子を移動した（写真21、22）。

下準備が整うと、納屋から画材を調達する。その日の作業に合う筆を数本、パレットに使う同じく五〇センチ四

写真21　師匠から文字練習の指導を受けているところ（2017年2月クマシ）

写真22　筆者が文字入れを練習しているところ（2017年2月クマシ）

方のベニア板、油を溶くプラスチック容器を数個、絵筆を拭く雑巾を用意する。油を溶くプラスチック容器は、飲料水などのボトルを半分に切って使う。ほかにも、調理によく使う市販のトマトピューレの缶、ネスレ社のミロ飲料の粉末が入っていた缶の、使用済みで空のものを使用する。ここでも専用の容器などはなく、ありとあらゆる日常品を代替活用する。師匠は「ヤー、パレットはアートだ。アートだ」といった。パレットの上のエナメル塗料は、塊が乾くとひび割れ、めくれ上がり、またそれに色と油を重ねて使っていくので歪な形と色が堆積している。さらにパレットの上にはいくつかの小さなプラスチック容器が置いてあり、奇妙な凹凸と複雑の色の組み合わせの造形に仕上がっている。師匠の感覚では身の回り全てがアートなのか？　と適当に聞き流していたある日、師匠の使っていたパレットがなくなっていた。私のパレットを使い始めたので、どうしたのかと尋ねると、首都から尋ねてきたフランス人夫婦が師匠の使っていたパレットを買っていったのだという。このとき私は確か息子の病院通いか何かでその場面を見逃し、惜しいことをしたと悔やんだ。師匠のパレットは、物好きなファンにとっては、芸術作品として購入するに価する付加価値のついたものなのだ。

画材を一通り揃えると、まずはベニア板に下地を塗る。常夏なので、一度塗って少しの時間日光にあてれば、たちまち乾く。下地は二層程度塗る。下地が乾くと、師匠は納屋の奥深くから古いレタリングの見本図鑑をもってきて、ある書体を示した。この図鑑もイーゼルや他の資料と同じく、相当年季が入っていてもはや表紙も裏表紙も判別できない。師匠が示したのは、ごく普通のブロック体だった。そして、それらを鉛筆でベニア板に下書きするように指示した。文字をベニア板に書く際、まずは定規で長さを測り、枠取りをして、二六文字がきちんと入るように計算する。表面だけでは入りきらないので、ベニア板の裏面も使うことにした。表面の枠線については、師匠が手取り足取り一緒にやってくれたが、裏面は自分一人で線を引き、下書きをした。工房には定規がいくつかあったが、この使い込んだ鉄製の定規がまた、捻じ曲がっていて年季が相当入っており、全くもってまっすぐではない。地方や農村部の一般の家屋のドアや窓は隙間が空いていたり、長さやサイズが合わなかったり、ということはザラである。全てが定規の採寸通りに設計され、それが正しいと思ってきた世界から来ると、とても歪に思える。しかし斜めのアスファルトの上で、曲がった定規を使って作業をしていても最後は帳尻が合うように仕上がれば、それでよいのである。大工も絵師も、職人は、現地で調達できる材料や道具で、実用できるものを作り上げる。他と比べてなにかが足りない状態なのではなく、当事者にとってこと足りるよう作る技術と知識があれば、それは充足した職能の果たす仕事といえる。

シンプルな二六文字のブロック体を、白く下塗りしたベニア板に鉛筆で書き付けた。そしてその鉛筆の線の内側を、赤いエナメル塗料の絵の具で塗り込めていくと、師匠がいった。

「小指だけを使いなさい。」

絵筆で色を塗る際、筆を持つ私の利き手の使い方について、師匠は注意した。鉛筆を書くときのように絵筆を握ると、手の腹や指がベニア板に触れ、乾いていない絵の具が手に接着してしまう。そうではなく、絵筆を握るとき小指だけ他の指から離して、ベニア板に触れ起点にする。そうすると接着面積は小指の腹だけなので、絵の具が手

写真23　文字練習・A～O（2017年3月クマシ）

写真24　文字練習・P～Z（2017年3月クマシ）

につかない。また絵筆を握る手の動きが安定して、筆を自由に操り色を塗ることができる。小指と手首の使い方は、日々鍛練あるのみだ。こうした指の使い方や、見本を見ながら鉛筆で線を引き、色を溶いたり、塗ったりする作業は久しぶりで、私は没頭した（写真23、24）。日本のように静かな屋内で、快適な室温のもとで作業するのではない。日差しをよけて木陰にいても汗が流れ落ち、土ぼこりが舞い、クラクションが鳴り響く。学校帰りの生徒たち、師匠の教会仲間や隣人、突然やってくる看板絵の依頼人、隣の工場の自動車整備工、屋外の青空工房はまるで公共空間であるかのように、人々の生活経路となり通学路となり、時に歩いて通り抜け、時に朽ちた長いすに腰掛け、立て掛けられた看板や絵師の手仕事に見入って、話に花を咲かす。人々の生活空間でもあり、いくつもの場が重なり合う路上空間。その中に身を置き、一瞬でも集中して絵筆を走らせると、喧騒とエナメル塗料と油の匂いと強い日差しの調和に、私は時を忘れて恍惚とした。

塗ること(ペインティング)も、彩色(カラーリング)も、とても大事な技術だ。小さな赤いブロック体を筆で塗るときは、まず縁をなぞってから、中を塗っていく。これはどんなものを塗るときも適用できる。大きな面積になれば一度塗り、二度塗りと回数を重ねる。塗料を溶く油が多すぎると薄くなるし、油が少ないと色が濃くなってしまうので、ムラにならないよう気をつける。ちょうど塩梅よく綺麗に塗れると、師匠は「エッフェ」と一言だけいった。チュイ語でフェ（fe）とは、英語ではfine/beautifulに相当する。食事が美味しい、見た目や装いが美しい、人柄や店構えが立派である、等々、様々な文脈で用いられるが、ポジティブな意味で形容する際に発すれば間違いない。師匠はよく「エッフェ」といってくれた。よく描けている、美しく塗れている、という賛辞である。

私は文字練習をベニア板から始めたが、絵師が彩色（カラーリング）を施すのはベニア板やキャンバスといった平面の造形物だけとは限らなかった。学校や教会のイベントで用意される、Tシャツや横断幕といった布類が持ち込まれることも多かった。無地のキャップ帽子を仕入れてきた露天商がロゴを入れてほしい、と言って十数点持ち込んだこともあった。ここはスアメであるから、セダン型のタクシーや、大型のバンやバス、そしてちょっと裕福な人々が乗る四駆のピックアップトラックなど、ありとあらゆる車輛が持ち込まれた。オールマイティゴッド看板工房は、大木の作業広場や納屋の前は、ちょっとした駐車スペースのような造りになっているから、広告等の文言や安全祈願のキリスト像を入れて欲しい客が、日々車輛を乗りつけてやってきた（写真25）。他にも、新設の保育施設のための子供用の木造の椅子と机が運び込まれたときは、机上には文具品の絵とそのスペルが描かれ、色とりどりに彩色されピカピカにニスで上塗りされた。ステーションと呼ばれるタクシーやバスの乗り場となるロータリーでは、木製スタンドに行き先を示して、車輛の上に置くのが慣わしだ。オールマイティ看板工房は幹線道路に位置するため、多くのステーションから木製スタンドが持ち込まれ、兄弟子Pが器用に地名を書いた。

写真25　タクシーのリア・ガラスに地方銀行の名前を入れる（2017年4月クマシ）

ある時は、私が文字練習するベニア板が納屋から持ち出され、表に「Accra アクラ」、裏には「Kumasi クマシ」と、アクラ・クマシ間のバスの行き先を、ベニア板に弟子Pが描いた。私はそれを見て真似て、全く同じものを自分の資料用に、また練習するために制作した。また別の時は、近所の車の部品屋の若い男性が、車用のバッテリーを持ってきた。師匠に呼ばれて車のバッテリーの灰色のプラスチック側面に、アルファベットと数字を書き込んだ。それはそのバッテリーがあてがわれる予定の車輌の番号だった。翌日、若い男性は再び訪れ、バッテリーだけ十数個も持ってきた。工房にいる弟子たちや師匠と一緒に手分けして番号を描いたのだが、私の描いた番号に対して師匠は一言、「ワヤアディエ」と言ってくれた。よくやった、という労いを表す声かけだ。私は習ったとおりに鉛筆で枠線を引き、文字数を数えて、スペースを等分して順番に描いたが、師匠はフリーハンドで一気に描き上げた。熟練のなせる技である。

四　看板絵師クワメ・アコトの実践

1　人の視覚の奇跡

文字入れの練習が一通り終わると、私は駆け足で次のステージへと進んだ。師匠の看板絵作品を、見て真似て、習作をつくるのである。文字練習を終えたその頃、たまたま米国人から看板絵の依頼の連絡が入り、「オールマイティの昔の作品と同じ絵が欲しい」との注文が入った。それは赤い背景に、上半身裸のオールマイティが、大きな「目」の形をした物体を両手で抱えていて、その赤い背景には文字が描かれている絵だった。依頼主は、オールマイティが描いた昔の絵のコピーを送ってきて、寸法を伝え、これと同じものが欲しいといっているようだった。

オールマイティは、その看板絵の模倣を始めた。その米国人が送ってきた画像データとメモを印刷してラミネートすると、巨大な白いキャンバスを弟子に作らせ、真っ赤な下地を塗らせた。そして毎日手鏡を覗き込みながら自画像を写すという作業に取り組んだ。この赤い肖像画は、縦横それぞれ一二〇センチメートルほどもある。オール

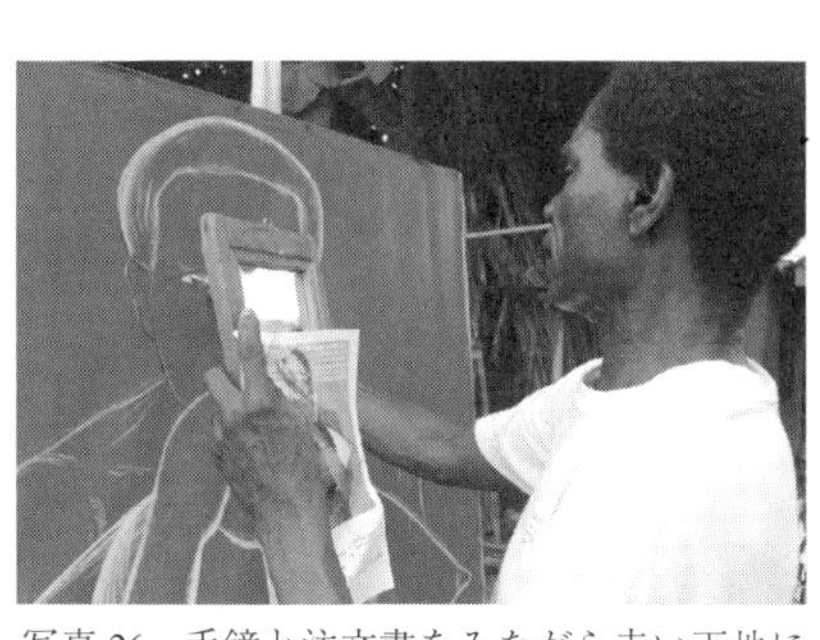
写真26　手鏡と注文書をみながら赤い下地に自画像を描く（2017年3月クマシ）

写真27　習作の指導を師匠から受ける様子（2017年3月クマシ）

マイティは制作の途中、ラミネートした絵の中の昔の己の姿と、鏡に映る現在の己の姿は細部に違いがあり、これから仕上げる自画像が依頼と少し変わってしまうことに逡巡しているようだった。結局は「同じものが欲しい」という依頼には従わないで、彼は手鏡に映る現在の自己の姿を描くことに決めた。こうした依頼に忠実に従わない意思決定はよく見られた。注文とは少し異なるアレンジや解釈を作業中に即興で加えて、今現在の状況を映しこんだ作品を仕上げていく。看板絵は閉じられた空間で、作り手が一人向き合い作り上げるのではない。その時在庫のある塗料の色、弟子や家族や隣人との会話、作り手の気分の高揚や閃き、そういったいくつもの偶発性が看板絵に描き込まれ、塗り込められていくのだ（写真26）。

さて私は、師匠がこの赤い自画像を作り上げていく傍ら、これを小さなベニア板に模倣していくよう言われた。文字を書くことが出来るようになったら、次は師匠の作品を真似て習作に取り組む。これが次のステップだ。

「ヤー、見ていなさい」

私は何度となく師匠に指示され、彼の無言の動作を見せられた。意図や教えを言葉にして伝えられることもあれば、大抵の場合は言語化されることはなく、とにかく見ることを促された。どの部位から塗るのか、どんな色を混ぜ合わせて色を作るのか。どのように筆を動かすのか。とくに色を混ぜる技術（ミキシング）をオールマイティは重視していた。師匠が無言のうちに見せた配色と動作、筆の動きを、見て覚えて、やってみる。試行錯誤（トライ＆エラー）。この反復が常だった。師匠は時折り、弟子の習作に手を加えて、方向付けを行うこともあった（写真27）。

弟子Pが大きなキャンバスに赤い下地を塗ると、その塗料を分けてもらって私もベニア板に赤い塗料を塗りつけた。師匠が白いチョークで自画像の下書きを入れると、私もそれにならいベニア板にチョークを走らせる。師匠の肌の色は、ガーナ人のなかでも黒いほうで、色をつくるのにコツがいる。まず黒と赤を足して茶色を作ると、そこに白、黄、青を加減しながら足して、黒人の肌の色をつくっていくのだ。師匠のつくる肌の色は少し紫がかった茶色が特徴的で、決して平坦ではなく、身体の凹凸に従い、茶色のなかの紫要素を調節して、白を足してハイライトを入れて、美しい褐色を仕上げる。アジア人にはない自分の肌の色をつくる作業は新鮮で、私は時が経つのも忘れて集中した。茶色でも、どんな色でも出来上がった色を師匠からもらうということはなく、常に五色の原料から自分で混ぜて作り上げねばならなかった。

この肖像画は、大きな「目」を抱えている。眼球ではなく、見開いた目の形をしていて、私が弟子入りのときに緑色の手形と一緒に書き込んだ目と同じアーモンド形だ。大きな目を抱える上半身裸の師匠、赤い背景、なんとも不気味な絵である。師匠の縮れ毛には鉛筆や絵筆が何本か刺さっており、これは絵師に限らず大工でも、作業中の職人にはよくある光景で自然な姿だ。しかし作業中の姿を絵にして留めてしまうというのは、まるで部屋着を写すようなものであり、すこし突飛な感じがする。頭髪に刺さる鉛筆にはクスっと笑わせられるユーモアが漂うが、裸体で「目」を抱く姿は奇妙である。

背景の文言は、白い筆記体で、「人の視覚の奇跡（The Miracle of Human Vision）」と始まる。この看板絵は大きな目を抱えている通り、主題は目である。以下、こう続く。

「目は、ご存知のように驚くべき構造を持つ。意匠と表現の傑作だ。眼球は生きるカメラだ。とても小さいという事実が、素晴らしさをより際立たせる。自分の目を、王や王母のように扱いなさい。絵師クワメ・アコトは、鏡を見ながらこの傑作を描いた。芸術家からの助言――目の欲望に気をつけなさい[27]」

以上の文言は、オールマイティの肖像画と被らないよう、赤い背景を地としてそこを埋めるかのように白い筆記体で書き込まれている。文章の前半には、オールマイティの、目と、見ること、小さな眼球の驚異的な働きへの率直な感嘆が綴られ、それは自ら目を抱えるという究極の形で表現されている。肖像画のオールマイティは、大きな目を大事そうに両手で抱えている。また王（Ohéné）と王母（Ohémáá）という敬意の最上の喩えが出てくるような、人体への労わりという啓発的な内容も読み取れる。

健康や安全を推奨する文句の入った看板絵自体は、珍しくもない。「タバコを吸うな（Do not smoke / Smoke kills you）」「安全運転（Drive safely）」という文言の看板絵は、オールマイティゴッド看板工房の壁や軒先にも掲げられているし、タクシーやトロトロといった車輛の窓などでもこういった啓発的な文句を目にすることがある。看板絵が発達した歴史には広告看板としてだけでなく、都市化と識字教育が普及するなか街頭で現地の人が見て愉しむ風刺画として機能し、そうした現地の絵師の風刺や啓発の表現が発達するだけでなく、それらを外国人が購入した例が数多くある［Jewsiewicki 1995］。その系譜から考えると、オールマイティが制作するこの看板絵も、彼個人の人体構造への驚異と畏怖、そして健康促進を訴える典型的な啓蒙的看板絵として捉えることが出来る。

文章の後半は、作り手の状況を書き込んでいる内容になる。そして一番最後の文章は、まるで「目」には「欲望」があるという人格や主体性を付与するような内容で、見る者に注意を促していて興味深い。チュイ語では「目（anií）」

写真28　妖術を退けるためのヴォドゥンの儀礼（2017年4月アクラ）

といい、「見る」ことをhŭまたはhwɛと表現する。前者は英語のsee、後者はlookに近い。後者は感嘆詞としても単独で会話に用いられ、「ほら（見たことか）！」というような意味で発せられる。また「鏡」はahwehwɛといって「見る」を重ねて表現する。現地の人は「自分が見ると、鏡の中の自分が見返している」というような語の説明を行う。「目」に関しては、「目がなにかを見ているとき、目は食べている（目を奪われ、目が離せない）」という現地の諺㉘がある。これはなにかに気を引かれていると目が離せないという事象を「目が食べるɛdi bi」という、身体の一部が人の意志を離れ、主体性をもった働きをする表現、慣用句になっている。

またガーナでは広く邪視が信じられている。スアメの弟子入り生活の終わりの方で、息子は体調を崩した。幾度か地域の小児病院にかかったが、この時は数日毎に発熱、嘔吐、激しい頭痛を繰り返し、泣き叫んでいたので首都の私立病院で精密検査受をしたが、原因は不明だった。私は知り合いのエウェ族の司祭に以前から「最初に病院に行きなさい、それでも解決しないなら私のところに来なさい」と言われていたことを思い出し、彼の邸宅であり、また占卜を行い精霊を祀る祠のある社を訪ねて卜占Afaをしてもらった。すると、「クマシで妖術（wichcraft）にかけられた」と診断された。卜占の結果、原因はクマシで遭遇した嫉妬する女性の「邪視（evil eye）」に当てられたとくことだった。司祭によると、特に女性の嫉妬や怨念は、本人はそうと意図せず送った視線により妖術を発動することがあるという。若く、エネルギーに溢れた、幼い人間の魂を餌食とする、悪い霊が息子の魂を食い物にしようとしたそうだ。私は司祭に言われたとおり、山羊と鶏を悪霊に捧げて退治する儀礼を司祭によって執り行ってもらった（写真28）。その後息子の激しい頭痛と発作は止まり、無事クマシへ戻ると、私は弟子生活を全うした。この時の司祭の語りからは、人の「目」は、当人の意識の及ばぬところで、主体的な意思を持ち働きかけをするものだとガーナ人が捉えていることがうかがえる。

また「鏡」を覗き込み、賛美歌を大声で歌いながら絵を描くオールマイティを見かけた通行人が、「あの人は怪しい、呪術[29] Juju を使っているに違いない」と噂する事件があった。幹線道路に面する工房の端で小さな商店を営む妻のフォスティーナは、通行人がそう言っているのを聞きつけるとオールマイティにすぐ伝えた。すると彼はその日、賛美歌を歌いながら自画像を描くことを中断した。妻によると、賛美歌が呪術のためにとなえる呪文だと勘違いされたらしい。彼は怒るでもなく、ただ心外そうに、遺憾そうにしていた表情が印象的だった。「鏡」を「見る」こと、「歌うこと」、「絵を描くこと」を同時に行うことは、通行人にとっては理解の出来ない不自然な事象であり、鏡に映る姿を写すこと、気持ち良く歌いながら描くという行為とは捉えられなかったのである。オールマイティ本人は土着の伝統的な信仰は悪魔信仰だとして否定するが、彼の看板絵を制作する様子をみた通行人は、彼の行為こそが悪魔を信仰し操る呪術師だと、怪しんだのである。通行人がなにを信仰しているのか分からないが、ガーナ南部で安易に人前で Juju と発言し批判するのは、キリスト教を信仰している可能性が高い。鏡を見返す自分の目、そして目に宿る本人の意志を超えた働き。オールマイティがわざわざ「鏡を見ながら描いた」という表現したのは、鏡を操る絵師の熟練の技量と、「見ること hwɛ」を自由に操り、人知を超え、彼の信仰するキリストと聖霊の助けをも借りて、看板絵を制作するのだという彼の実践の表れのように思える。

2　自己と悪魔の肖像画

オールマイティは、私が弟子入りしていた三か月間にも、たくさんの肖像画を仕上げた。そしてそのほとんどが

写真 29　弟子入り直後に制作していた悪魔像と自画像（2017 年 2 月クマシ）

写真 30　屋号の入った看板絵の複製をつくる様子（2017 年 2 月クマシ）

自画像か悪魔像か、もしくはそれらが組み合わさった看板絵であった。弟子入りのため工房に到着し、緑色の手形を取らされた傍らで、工房のアスファルト地面に広げられていたのは、手前に上半身裸の自画像、画面中央にメガネをかけ角を生やし蛇を胴に巻きつけた悪魔像が混在する肖像画だった（写真29）。聖書の一節が引用されていた横一メートル強、縦は一・五メートル以上もある、大きな敷物のような看板絵だ。ここでも印象的な獣のような「目」が、画面奥の上部に登場する。

オールマイティの看板工房の目印ともいえる、大通り沿いに掲げられた数多の看板絵のファサード。それらに混じるように屋号入りの看板が掲げられているのだが、弟子入りして数日経った頃、ファサード隣の妻の経営する商店の外壁にも同じものを設置するためにちょうど屋号の看板の複製を制作していた（写真30）。屋号「ALMIGHTY GOD ART WORKS」の文字の横に描かれていたのは少し滑稽な悪魔像で、角と牙を生やしたマスコットのような悪魔が赤いベッドに横たわる。いびきをかきながら眠っているかのようにコミカルに横たわるサタンは可愛らしいが、添えられた文言は「必ずや悪魔は死ぬだろう[30]」である。そしてマスコット・サタン入りの屋号の看板の真上には、ガーナの伝統衣装、アディンクラの文様を象った特別な布を纏う巨大なキリスト像が掲げられている。いばらの冠に血を流すキリスト像に添えられた文言の最後はこう締めくくる。「王キリストは汝のために死んだ（King Christ Died for you）」

フィールドノートを開くと、私は看板工房に弟子入りに来たのか、熱烈な福音伝道者の宗教実践を学びにきたのか分からなくなるほど、信仰に関する師匠の発話や行動の記録、看板絵に書き込んだ聖書の引用文でページが埋め尽くされている。師匠に同行して日曜朝の礼拝にいくとき、牧師をしている息子のアサンテ人祖父から偶然譲り受けた聖書を携帯していると、「キング・ジェームズ版聖書[31]じゃないか！」と師匠は反応した（写真31）。師匠の欠かせない日課、それは祈りである。私が弟子入りにやってきた当日、緑色の手形をとった夜は、乾季だったこともあり眠れなかった。その未明に目が覚めたのは、隣室から師匠の叫び声が聞こえたからである。私と息子が寝泊りした部屋の隣は物置きで、完成したいくつかの看板絵がしまってあった。なにごとかと思いその物置部屋を覗くと、師匠がひざ立ちで祈りを捧げていた。私に気付くと彼は祈りを止め、静かに私に答えた。「神に祈っていた」と。

写真31　日曜の朝、教会 House of Faith へ礼拝に行くところ（2017年2月クマシ）

オールマイティは、日に何度も祈りを捧げる。工房での昼食はフフやバンクーをとることが多く、重量感のあるパーム油の効いたスープも手伝って、食後は眠気に襲われる。すると師匠は納屋へと消える。大声で叫び、ときに手で激しく胸を叩き、歩き回ったり、ひざ立ちで天を仰いだりして、祈りを行うのだった。三九歳で天啓を受けてから熱心にキリスト教に帰依するようになるのだが、その後「神によって授けられた」という、彼だけが突然話せるようになった古代ヘブライ語で祈り歌うのだという。天啓を受けたときもヘブライ語を授けられたときも、身体が地面に打ち付けられ幾度も転げ回っ

写真32　早朝説教を終え戻ってきた師匠（2017年3月クマシ）

たほどに激しい衝撃だったそうだ。また、週に二、三回は、早朝五時に隣の地区のコンフォ・アノチェ病院に向かう。そこで退院の見込みの無い重篤患者を見舞い、祈り、説教を施すのだ。私にとっての工房の朝は、掃き掃除やトイレ掃除を終え、師匠が調達した朝食をとるため卓につくと、まずは師匠の早朝病院での務め話を聞くことから始まった。身体が痛くて泣いている患者がいた、説教をありがたく聴き涙を流す患者がいた、歌わない患者がいたが熱心に誘い一緒に賛美歌を力強く歌った、そしてどんな祈りを授けて説教を行ったかなどについて師匠は話した。時に己の熱心な宗教心を、時に臨終の迫る患者への同情を、そして病棟の様子を穏やかに語った。またある時はスーツ姿となり、拡声器を携えて、隣のバンタマ地区の通りを歩きながら早朝に住民に説教を施した（写真32）。首都では地区によっては早朝の街頭での布教行為が迷惑行為だといわれているのを耳にしたりしたので、師匠がスーツに拡声器を持ち布教する姿には少なからず衝撃を覚えた。

　ガーナでは何日間にも渡り葬儀が行われ、死後三か月後に納棺の葬儀が行われる。師匠も例にもれず木曜と土曜は、たいがい葬式へ出かける。ある時、師匠が師事したコピアの死後三か月目の葬式が行われた（写真33、34）。師匠は出身であるントンソの村で仕立てた、赤と黒の立派なアディンクラクロスの葬式用の衣装を纏っていた。そして往路のトロトロの中、師匠は突然大きなダミ声で説教を始めた。格言を挟みながら説くと、乗客も声を合わせて「エーメン Amen！」と応答する。ガーナ南部ではキリスト教を熱心に信仰する人が多く、大型の長距離バスでは必ずといっていいほど発車時に説教が始まる。聖書を片手に牧師の恰好をした人が車内を歩き回り、まるで騒音の

写真33　長老が従者や奏者を連れて葬式に向かう（2017年2月アソロマソ）

写真34　かつての師匠コビアの葬式に出席する師匠（2017年2月アソロマソ）

ような大きなダミ声で話しながら、道中の安全を祈り、神を信じる天国への人生を説き、ときに健康食品を行商しながら、最後は寄付を集めて途中下車する。市内を走るトロトロでも牧師のような人物が説教をしはじめる場面に出くわすことは間々あるが、まさか絵師である自分の師匠が乗客に向かい説教を始めるとは思わず、私は仰天した。

だがオールマイティのもとを毎夕訪ねる友人Bとの関係を知り、驚くとともに納得がいった。Bとオールマイティの会話は、もっぱら聖書の読解や、ラジオ番組の話題など、信仰に関わることや単なる世間話だった。血縁関係のある親戚などでもないというBが友人として毎夕工房を訪ねる理由は、同じ教会に通っている信者か、聖歌隊に通う仲間かなにかと思っていた。オールマイティは近隣の教会「House of the Faith Ministry」[32]の信者であり、聖歌隊のメンバーとして活動しており、週幾度かの夜練習に参加するだけでなく、葬式に呼ばれては式典や墓地で賛美歌を歌っていたのだ。しかしBと師匠の関係は、私が想像していたものと違った。

「オールマイティは私を治療して、病を治してくれたのだ」

Bと師匠の関係は、同じキリスト教を信仰する仲間という繋がりではなく、治療者と患者であったのだ。彼いわく、もともとオールマイティと交流のあった彼は、友人関係から始まり、足が痛み歩けないこと、胸部の痛みなどの不調や容態を相談するようになったという。ある時偶然にオールマイティが納屋で祈りをほどこすと、彼の足も胸部の痛みもなくなり、快調に向かったという。またこの友人Bとは別に、ある時私は師匠が納屋で電話をかけているとは知らずにオールマイティに話しかけると、「ヤー、今は治療中だから後で話す」と言われたことがあった。そのときは意味が分からなかったがあとから訊くと、電話を通して祈りを唱えることで、遠隔で治療を行っていたとのことだった。この遠隔地療はBに対しても時々行われるという。

私がオールマイティ看板工房で経験、目撃したことは、アングリカン（英国国教会）、カトリック、長老派、メソジストのように従来のキリスト教とは異なる原理、異なる方法で人々に伝播し、霊的な諸力により人生の成功と繁栄を掲げ人々を魅了する土着化したキリスト教のペンテコスト的な特徴と、同時に天啓を受けるなどして独立教会を開いてきたカリスマ派の運動の特徴を備えている［阿部編　二〇〇七、落合編　二〇〇九］。工房の主であるオールマイティは絵師であるとともに、布教活動や治療活動にも精を出す。そして同時に、彼が敵視して排除すべきだという悪魔（サタン）の肖像画を常に描き、生産し続けている。

前述の屋号のサタン像の後、深い緑色の森を背景に同じく赤い布をマントのように纏う悪魔像を師匠は描き始めた。獣のような目つきと、矢が額に突き刺さっていることから、人ではないことがうかがえる。聖書の一説を長々と引用して背景の文字を埋め尽くし仕上げたその看板絵は、横幅約五〇センチ、長さ約一メートルの、ベニア板で出来た縦長の作品だ。オールマイティの自画像や悪魔像ではこのように赤色や緑色が頻出する。屋号の滑稽な悪魔と、額に矢を持つ肖像が身に纏うのは赤い布だが、目を抱えた自画像の背景も同じ、濃厚な赤色である。この赤い布たるみのを模写するために弟子が交代でモデルを務めたが、皆、炎天下で分厚い布を巻いて座ることに体力を消耗した（写真35）。師匠は常に同時並行で数作品を制作しながら進めるので、この深い森に佇む赤いマントの肖像画を描き終わると、しばらく青空工房で飾った後に、納屋にしまった。添えるべき文言の着想を得るまで寝かせるのだ。

写真35　弟子がルシフェル像のモデルをする様子（2017年2月クマシ）

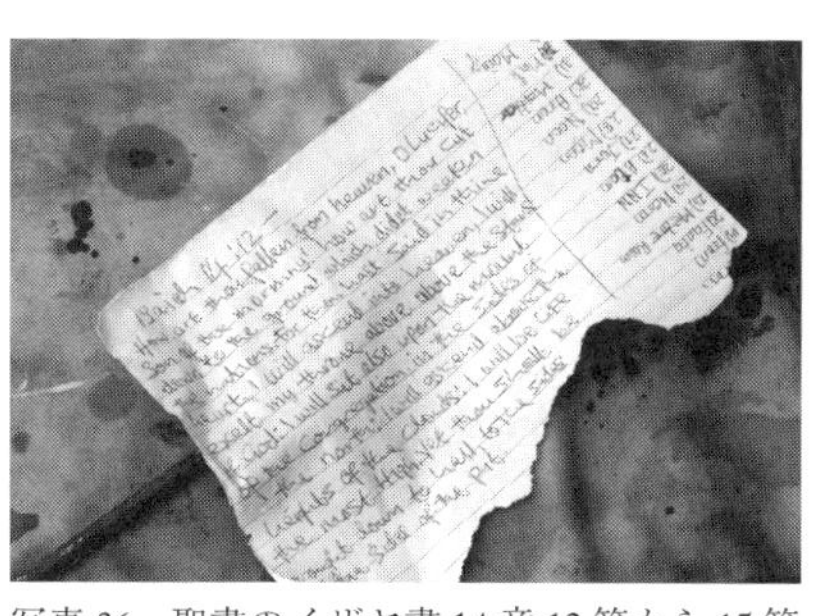

写真36　聖書のイザヤ書14章12節から15節を写したメモ（2017年3月クマシ）

宗教談義の傍ら手にした聖書から、時に「神」から直感的に言葉が降りてくると、納屋から看板絵を取り出してきて、文言を入れ仕上げる。この縦長作品の挿入句は、堕天使ルシフェルが天から地に落ちる預言者のことば、聖書のイザヤ書第一四章の一二節から一五節[33]が引用された（写真36）。

師匠いわく、額に矢が刺さった赤いマントの肖像画は、堕天使ルシフェルだという。彼が天から地に落ちたのは悪魔サタンのせいなのだとオールマイティは力説する。師匠の語りでは、キリストと唯一の神（Onyankópón）以外は、ルシフェルも、後述するマミワタも、土着の祖霊や精霊も、すべて悪魔＝サタンだという。看板工房で師匠が友人Bや弟子Pと交わす世間話のほとんどは、聖書の解釈や教会の活動についてである。日常的な祈りや治療の際に発話する「悪魔」や「地獄」という言葉からは、絶対悪であり忌避すべき存在であると認識しているように傍目には感じる。しかし悪魔像のモデルはその場にいる弟子たちが務め、看板工房で毎日丁寧に悪魔像を描いている様子からは、口で語るほどには悪魔的存在は忌むべき絶対悪などでは決してなく、身の周りに日常的に存在する身近ささえ覚える。「サタン」という聖書の言葉を使いながらも、その言葉から浮かび上がり看板絵に表象されるのは、日々の神への祈りと同じ頻度で口にする悪霊の存在である。それらは祈りと同等に日常に存在し、日々の雑談の話題にのぼる人間関係の不和や嫉妬、ならず者、金銭問題や疾病などの日常的な悩みと同じくらい身近なことで、それらが文字と絵とともに可視化される装置であるように思われる。

写真37　自分の顔面の左半分を鏡を見ながら描くオールマイティ（2017年2月クマシ）

さて、ルシフェル像と同時並行で、自画像と動物画を組み合わせた肖像画を師匠はいくつか描いた。ベニア板の左側には己の顔面の左半分を、右側には動物の顔面を右半分描くのだ。深い緑色を基調とした背景にそれぞれの顔面を画面の半分ずつ埋める。人の顔が、ライオンや蟹といった動物と繋がる構成は、少し不気味である（写真37）。また弟子入り期間中、下半身が魚、上半身が女性である半身魚、マミワタ（MamiWata）の制作にも立ち会った。私は少し感慨深かった。オールマイティと初めて出会ってから、学術的な勉強を始め、看板絵の文献を漁り、幾度もマミワタに出合ったからだ。

マミワタは西アフリカから中央アフリカの沿岸部で広く信仰される水の精霊で、様々に表象されてきた［Drewel 1996, 2008、石井　二〇〇九：一〇五―一二九］。師匠も多くのマミワタ像を制作してきた。ガーナでは「男性を惑わす」「見たものを死に至らす」などといわれることが多いが、私が参与観察中に制作に立ち会った師匠のマミワタ像には、「マミワタに助けを求めるな、殺されるか、狂わされるだろう。むしろ神のもとへ行きなさい、イエス・キリストのもとへ行きなさい[34]」という文言が添えられた。伝統的信仰を批判的にとらえる土着化したキリスト教的観点にもとづき、マミワタを忌避するよう促すとともに、キリストへの帰依を説く内容となっている。看板絵の啓発的な機能を考えると、オールマイティにとっては、人がより良い生活を送る上で、健康増進、交通安全と同じく人々を導くための啓発活動の一環なのかもしれない。そしてここからも信仰と生活が分かちがたく結びついていることが窺える。

マミワタ像やルシフェル像の制作の過程で興味深かったのは、過去の自分の作品だけでなく、看板絵をとりあげた過去の雑誌やカタログから、その時々に必要なイメージ画と要素を選び模写していたことである。多くの看板絵師と同様に、オールマイティも過去に自分の看板絵が取り上げられた雑誌やカタログを保有している。それはオールマイティを取材した執筆者や編集者が彼に寄贈したものがほとんどだ。所有する雑誌やカタログは、海外から客人が看板絵の購入や調査を目的に訪ねてきた時に、過去の実績として提示する絶好の材料だ。そういった過去の実績を誇る参照資料としてだけでなく、これらは制作の際の参考資料ともなり得る。過去の自作品だけでなく、他者の作品をも参照して、自分の看板絵作りに役立てる。森や動物、悪魔の細部、マミワタにまつわる蛇や魚、果てはマミワタ・カタログのフォントの特徴まで、模倣（ミメシス）される。

　看板絵師にとっての複写（コピー）の概念はとても興味深い。オールマイティは自身の作品を写真に撮られることを嫌う。それは自分の看板絵の内容が流出して複写されたり彼の着想が盗まれると彼のオリジナル作品の価値が下がるからだ。しかし実際には、オールマイティは自分の過去の作品を何度も複写して再生産している。意図してか意図せずしてか、再生産された作品は過去のものと全く同じではなく微妙なズレや制作背景の違いを映し出す。同じテーマやベースではありながら細部が微妙に異なることが、さらなる価値を生んでいるように思われる。昔の作品がほしいという注文が来るのは、その表れであろう。そして全く同一の複写（コピー）作品を、買い手は得ることが出来ない。ライオンと蟹の自画像は同時進行で進めていて、弟子が複写を制作していた。出来がよくないものは弟子の習作にしていたが、腕の立つ弟子Pが複写（コピー）を作り上げると、オールマイティは途中から引き取り手を加え、最終修正（リタッチ）を施し仕上げ、文言をいれ、署名をした。そうすれば、即ちオールマイティの看板絵として世に出る訳だ。

　マミワタを描くとき、なびく長髪を描くのに私がモデルとなったので、黒い地毛に日に焼けた茶色がウェーブした髪に仕上がった。肌の色も私の黄色の強いベージュに近い仕上がりとなり、東洋系のマミワタが完成した。煙草をくわえたマミワタがまたがり率いる魚群は、市場で購入した鯖が見本で、師匠は魚を左手にもちながら銀色に光

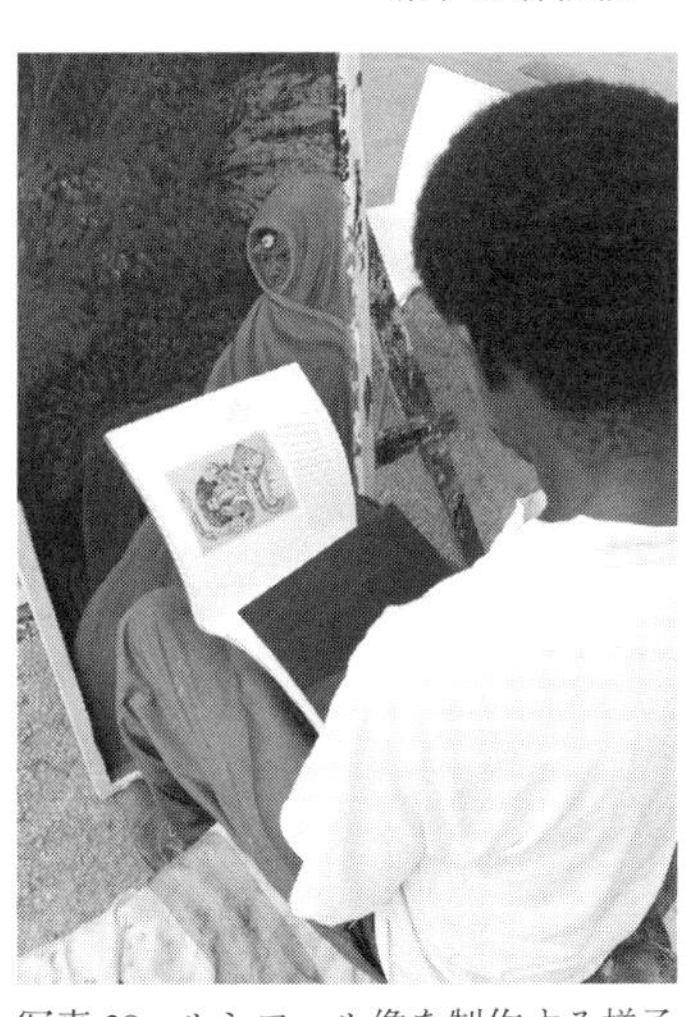
写真 38　ルシフェル像を制作する様子（2017 年 3 月クマシ）

写真 39　制作中のマミワタ像（2017 年 3 月）

る鱗をとらえた。しかしマミワタの胴体にからみつく蛇は、アフリカ美術研究者のドレワルが編纂した展覧会カタログ『*Mami Wata: Arts from Water Spirits and Its Diasporas*』（2008）のあるページから模写され、「Mami Wata」のフォントは展覧会カタログの表紙を写した（偶然にもオールマイティがルシフェル像を制作するとき写真38で参照するのは、マミワタ像がアフリカで流通するようになった元の図版である。そしてマミワタ像を制作する写真39ではそのページを収録した『Mami Wata』展のカタログが長椅子に置かれている）。手近な素材として応用したようにも一見みえるが、あえて展覧会カタログの表紙のフォントを真似すること、いくつもあるマミワタ像のうち典型的な蛇の柄を踏襲することで、マミワタ像の看板絵の正統性を言外に主張しているようにも見える。あのドレワルにも認められ展覧会カタログにも掲載されたオールマイティの手による、マミワタの作品だ、と。マミワタが看板絵の定番であり続けるのは、現地人の無意識に根づく土着の精霊信仰と生活を彩る多様なマミワタ表象とともに、それを求める顧客のニーズが耐えないことの裏返しでもある。

　これらの複写の概念は、現代美術のように意図して複写を並べ、なにかを表現するために構成された大文字単数形の「芸術 Art」とは明らかに異なる複写の使い方である。看板工房では肖像画が目立つところに飾られると述べたが、歌手やサッカー選手、政治家や牧師など、目を惹く有名人の肖像画は世の中に出回った見慣れたポーズや場面の写真の模写が多いことに気付く。つまり往来の注目を集めるために意図的に選択されたイメージ像を再生産しているのだ。有名人の写真をアクリル絵の具や油絵、ときにエナメル塗料で塗り上げると、キャッチーな文言を乗せていく。肖像も文字も、彼らが自覚的に取り組むのはいかに素材を組み合わせるかという知識と技術である。デジタル化する看板制作の工程も同じで、かつて手描きで量産していた巨大広告や露天商の広告看板は、現在その多くが町のデザイン事務所や印刷工場で作られ、素材も木製からビニール製、プラスチック製へと変化している［Christofano 2014］。近年増える美術系の専門学校でグラフィックデザインを学んだデザイナー達、または独学や事務所で働きながら学んだ彼らは、ひたすらインターネットからその時々で適切な、あるいは手頃な写真データを拾ってきたり、フリー素材を応用して、フォトショップやイラストレーターで原稿を作る。留学中、SNSに投稿した息子と父親の食事写真が拡散・流通して軽食屋の看板に使われてたのは、その好例だ（写真40）。それにしても看板絵の研究中に家族が看板になるなんて一体誰が想像しただろうか。

写真40　軽食屋の印刷看板（20117年5月アクラ、撮影者不明）

　規制のないイメージの応用、見て真似て、見て盗み、見て学び、見て取り入れることが国境を越えて連鎖し、複合的に膨らみ続けるイメージが量産される。オールマイティでの工房の参与観察から言えることの一つは、複写の連続によって成り立つ製造過程が、ある時から付加価値を生み出すようになることである。看板絵師は積極的に自作品や他作品を模倣しつつ、自作品が盗用されることについては非常に慎重だ。工房内では看板絵を描くための知識や技術を弟子に指導することはあっても、基本的に着想や意図については明確には共有されない。それは弟子が習作に臨む場合、または腕のたつ弟子Pが行っ

写真41　妻フォスティーナの肖像画（2017年3月クマシ）

写真42　妻の営む雑貨屋にいる娘たち（2017年3月）

たように、今後師匠の作品となる下絵を描かせる場合に限られる。特に最終段階で文字入れを行う場合は、他人の手に委ねず作者本人が執り行う。

3　家族像

これらの自画像や悪魔像の制作の傍ら、弟子Pがずっと制作を続けていた大きな肖像画があった。それはオールマイティの妻、フォスティーナの胸像である。横一メートル、縦一・二メートルの大型肖像画だ（写真41）。弟子Pがおおまかに背景と胸像を一度塗りし、胸像を二度塗りして下絵の制作を終えると、途中から師匠に替わり胸像を完成させた。そしてしばらく間を空けてから文字入れをして筆をおいた。この工房でフォスティーナの肖像画を眺めるのは懐かしかった。なぜなら小沢剛の看板絵プロジェクトのときにファサードに掲げられていたし、雑誌やカタログなどでも目にしたからだ。家族をテーマにした肖像画はオールマイティの定番モチーフの一つである。娘たちの肖像画もいくつか手がけている。数年来の付き合いのなかで私は、その都度何気ない会話の中で説明を受けてきた。娘たちも大きくなり、長女はすでに大学生、次女は中学に通い、末娘も小学生とは思えぬ長身に成長した（写真42）。末娘は幼少のときからよくモデルになってきた。しかしこの弟子入り中に立ち会うことになったのは、オールマイティの最愛の妻、フォスティーナの大きな肖像画であった。彼女こそが、信仰心のかけらもなく自堕落な生活を送っていたと回顧する若きオールマイティを、教会へと導き、天啓を受ける契機を与えたのだと彼は語る。彼の絵師人生と信仰生活における、最重要人物だ。キャンバスに佇むフォスティーナは、威厳と慈愛に満ち、静かに微笑む。

その頃ちょうど私は師匠の赤い自画像の習作を、小さなベニア板に仕上げたところだった。大きな自画像や悪魔像を日がな塗り込める傍ら、日々近隣住民からは車体の文字入れや、葬式や教会のバナーやTシャツ制作の依頼など、あらゆる注文が工房に持ち込まれた。アイス売りの女性が、クーラーボックスを持ってきてここにアイスの絵を描いてほしいと依頼にきたこともあったし、墓石に故人を描いて欲しいという注文が来ることもあった。師匠はある日私に訊いた。

「次は大きな看板絵を描くことにしよう。お前に出来るか？」

師匠や弟子Pが取り組む看板絵たちはとても大きく感じていたので、一抹の不安はあったが、私は挑戦することにした。その頃、オールマイティはいくつかの悪魔像を同時並行で制作しながら、妻フォスティーナの肖像画の筆入れも進めていた。今回師匠は、習作の大きさを示しただけで看板絵の内容やテーマの方向性、習得すべき技術などについては特に明示はしなかった。

師匠が最愛の妻フォスティーナの肖像画に取り組む姿をみて、私は傍にいる息子の肖像画を描こうと決めた。師匠がこれまで家族像に取り組んできたのは知っていたし、ことあるごとに、信仰生活へと導いた妻フォスティーナの存在をオールマイティは語った。人生における大切な人を描くという師匠のスタイルを踏襲するのは、妙案だと思った。師匠に相談すると「とても良い（考えだ）」という意味で一言「エィエパー」とだけ言った。師匠は、息子の写真を一枚用意しなさいといった。それをもとに肖像画を描くのだ。プリント屋にいって写真を印刷し、工房で

写真43　息子の肖像画のためにスケールした写真

曲がった定規を使い等分の線を引いた。弟子Pが巨大なキャンバス生地を切り分けベニア板に張ると、私はそれに等分線を引いて、スケールにした。そして碁盤の目ごとに拡大した模様を写して、下書きを始めた（写真43）。

私はある土曜日に師匠と一緒に参加した葬式での写真を選んだ。夜毎師匠に同行して聖歌隊の練習にいき、歌唱の本番である葬式にもついていくと、聖歌隊メンバー用のガウンを一緒に着て賛美歌を歌った。師匠は低音を響かせるバスで、私は主旋律を歌う高音のソプラノだった。大型バスに揺られ一時間かけて郊外のタフォという町へ行った。聖歌隊の務めを果たすと、帰路のバスのなかでは皆と同じく弁当をもらった。師匠の生活を知るために、土曜半日をかけて行った小旅行だった。賛美歌の練習、聖歌隊の出張、すべてに息子は同行した。そのとき、息子の笑顔の写真が取れたので、その写真を元にスケールしてキャンバスに下書きを始めたのだった。

最初に肌の色を作って顔面を塗る。一度塗りは、丁寧に塗り込まなくて良いと、弟子Pが教えてくれた。ベージュに近い肌の色は、白色と、少量の黄色と赤色を足して作る。次に目だが、最初に黒目、それから白目を塗れと、師匠に指示される。白目は白色と少量の青色と黄色でつくる。確かに幼児の白目は透き通り青みがかっている。次に肌色の明るい部分のハイライトと、暗い部分の陰影を入れる。肌の影の部分は、それまで使っていた肌の色に、黄色と赤色と少量の黒色を足す。なんとか顔面の色を埋めたところで、買出しや保管用に使う大きな缶から師匠に渡された。「これを使いなさい」。中には青い塗料がなみなみと入っている。その時、一番在庫が豊富だったのは青色だった。その時工房にあった画材の余剰から、こうして息子の肖像画の背景は青色と決まった。

写真44　息子の肖像画の制作に取り組む（2017年4月クマシ）

写真45　完成した息子の肖像画（2017年4月）

息子の肖像画を制作する間、イースター休暇前だったこともあり学校帰りの生徒たちに囲まれることが多かった。オールマイティ・ゴッド看板工房は幹線道路沿いに位置し、通り抜けも可能な開かれた立地にある。工房の北側は道路に面するが、それ以外はそれぞれ異なる自動車整備工場に囲まれている。西側にはタイヤ屋などの部品屋が並び、東側は大きな工場でバイクや車など車輌本体が持ち込まれ修理を行う。工房の裏手にあたる南側にはエンジンやバッテリーなどの部品を扱う店が並ぶ。そのさらに裏手、南側へと進むと大きな校庭をもつ公立の男子小中学校があるのだ。柵などはないので、裏手を歩けば校庭に入ることになり、学校に軽食を売りに来る行商を訪ねて、私は幾度もこの学校を訪ねた。

その生徒達が、下校時になるとよく工房にやってきた。他にもキリスト教系の私立学校、イスラム教系のアラビック学校（コーランを教えることから現地ではそう呼ばれる）、公立の女子校もあり、様々な制服を着た生徒が訪れた。フォスティーナが営む商店と納屋の間には隣の車輌部品屋と敷地を仕切る木製の柵のようなものがある。そこに看板絵をいくつか飾っているので、「タバコを吸うな」「安全運転」といった文句の入った看板を眺めたり、不思議な肖像や動物画、イエスキリストの肖像やアサンテの王オセイ・ツツ二世の肖像を眺めたりと、友達同士で会話しながら、生徒達は思い思いの時間を工房で過ごした（写真44、45）。

オールマイティ自身も、この工房の南側に位置する公立学校に縁がある。公立学校の土地は、アサンテ王と市議会（City Council）のものであるが、オールマイティ

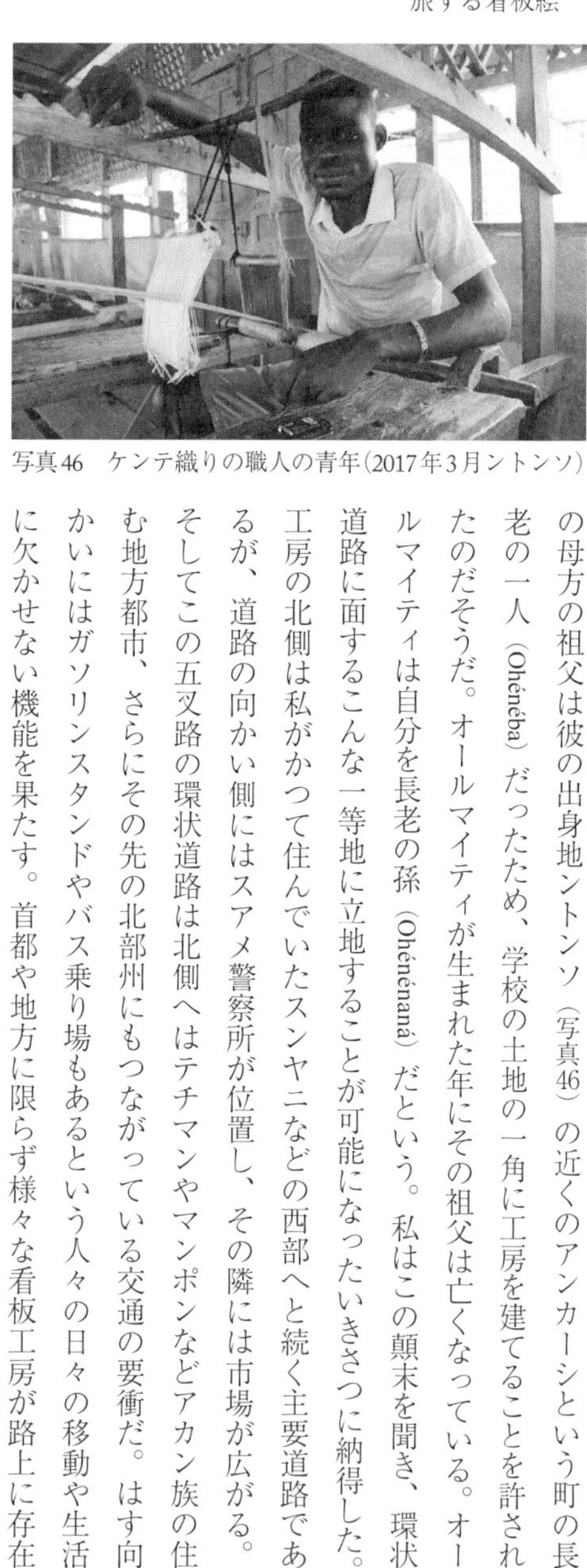

写真46　ケンテ織りの職人の青年（2017年3月ントンソ）

の母方の祖父は彼の出身地ントンソ（写真46）の近くのアンカーシという町の長老の一人（Ohénéba）だったため、学校の土地の一角に工房を建てることを許されたのだそうだ。オールマイティは自分を長老の孫（Ohénénaná）だという。私はこの顛末を聞き、環状道路に面するこんな一等地に立地することが可能になったいきさつに納得した。工房の北側は私がかつて住んでいたスンヤニなどの西部へと続く主要道路であるが、道路の向かい側にはスアメ警察所が位置し、その隣には市場が広がる。そしてこの五叉路の環状道路は北側へはテチマンやマンポンなどアカン族の住む地方都市、さらにその先の北部州にもつながっている交通の要衝だ。はす向かいにはガソリンスタンドやバス乗り場もあるという人々の日々の移動や生活に欠かせない機能を果たす。首都や地方に限らず様々な看板工房が路上に存在するが、敷地らしい敷地、工房らしい掘立て小屋の体をなさない工房もザラである。例えば、オールマイティゴッド看板工房のすぐ近くにある工房（シティ・ボーイズ看板工房、写真8参照）は、ベニア板の看板絵を通り沿いにうずたかく飾り、その看板群が生み出す少しの陰でに身を寄せ、絵師が文字入れや絵描きの作業をしている。

オールマイティ曰く、彼の両親や兄弟はみなキリスト教を信仰していたが、そこまで熱心ではなかったという。しかし特に母方の祖父母は「伝統主義者(35)（Traditionalist）だった。祖父母は祠を祀り、偶像を崇拝していた」とオールマイティは語る。つまり昔ながらのアカン民族の神霊や祖霊を崇拝し、精霊を祀っていたと考えられる。母方祖父はオールマイティが生まれた年に亡くなっているので、これは主に母方祖母のことだと考えられる。天啓を受けた後、熱烈な福音主義者になったオールマイティは、祖父母の祠の偶像を二つ破壊したと語る。天啓以降ということ

写真 47　オトゥンフオ・オセイ・ツツ二世の肖像画（2017 年 2 月クマシ）

写真 48　故オトゥンフオ・オポク・ワレ二世の葬送儀礼（2017 年 2 月クマシ）

は四〇代の頃だったと推察される。当時、祖母は高齢か、もしかしたら亡くなった後の話だったのかもしれない。オールマイティが語るには、「その祠にご飯をお供えしても祖先は食べた痕跡がなく翌朝になってもご飯が残っていたり、祖先の部屋に人間が寝ないことに疑問を感じた」という。疑問を感じたというのは、祖先がオールマイティに分かる形で、例えばお供え物を食べて痕跡を残すなど、なにがしかの超常現象を起こし、存在を示さなかったことに失望したと考えられる。代わりにキリスト教に帰依して以降は、祈りによって病気を治し、神により閃きやヘブライ語を授かるという、身体的な現象や天啓をオールマイティは経験している。オールマイティはこう続ける。

「学校では神が良い（God is good）のだと教えられた。伝統的な精霊は、悪い霊（bad spirit）である」

祖父母の家にある祠や祭祀を否定的に語るオールマイティだが、祖父に土地を譲り受けたことを話したときにもう一つ語られたのは、彼はアサンテ王に看板絵を奉納し、現在も王宮にその絵が飾られているということだ。王宮内の写真撮影は禁止されているが、ガイドとともに歩くと王が昔使っていた書斎や部屋を見ることができる。いくつか飾られている絵のうち一つがオールマイティの作品だ。また彼がファサードに大きく飾るのは、現在のアサンテ王であるオセイ・ツツ二世の肖像画だ（写真47）。先代のオポク・ワレ二世が亡くなった際の看板絵もトレードマークのように路上に飾られている（写真48）。アサンテ王の肖像を描き、自分の看板絵が王宮に飾られることを誇りに思う気持ちと、祖父母が信仰しているアサンテの祖霊や精霊を否定することは、彼の中で矛盾しない。

アサンテ族の頂点に君臨するのがアサンテ王であり、傍らに控える様々な役職の長老や司祭が控え重要なまつりごとを行う。オールマイティの祖父を含む同じクランに属する長老たちは皆アサンテ王の臣下としてこの統治体系に組み込まれており、しばしばガーナでは、アサンテ王はガーナ大統領よりも権力を持つといわれる。古都クマシの地に生きるアサンテ人の絵師がアサンテ王や王母の肖像を描くことを、欧米の博物館／美術館やギャラリーのキュレーターや美術史家はこぞって取り上げてきた。オールマイティもまた展覧会カタログの表紙になった看板絵の複製をつくり、ファサードに掲げ、自らの技量と工房の価値の体現として、また自文化の表象として再生産してきた。とても「ガーナらしい」モチーフはこうして、異質な他者をまなざす近代西洋のアートワールドと、現地人の価値体系の象徴的存在と重なり合った時、見事な芸術・文化的正統性を帯びる。しかし、だからといって全てが「文化＝芸術システム」に則っているかというとそうではない。オールマイティや彼の看板絵は往々にして路上の生活や信仰などの世俗的な文脈を選択し、模倣し、積極的にシステムを逸脱する。

オールマイティは、一九九〇年代に欧米での展覧会への出展や、渡航しての滞在制作といったことを経験した。看板絵師としての渡航経験は、たとえば現在のアーティスト・レジデンスのように制作に集中できる自由な環境や状況ではなく、ディアスポラとして異国へ渡る多くのアフリカ系移民と同様に、それなりに厳しい生活を経験したという。時には騙されタダ働き同然だったこともあり、自分を搾取したコレクターやキュレーターとは関係を断ち、付き合いを控える国や地域もある。それでも多くのコレクターやギャラリストと繋がりを維持し、今もなお海外からの連絡や注文は途絶えないが、もう海外に渡航したり異国で生活を送ることには興味がないという。

「全ては神の恵みによる賜物なのだ。だから日本も、ヨーロッパも、アメリカも天国ではない。一体どこに天国があるというのだ？」

質問に質問で応答するというガーナ人の日常会話を交わす。

「ここクマシで家族とともに暮らし、ガーナの料理を食べ、神に祈りを捧げ、看板絵を描くことが、私の人生だ」

私は、日本に来たいか？　という質問を投げかけたのだが、こうした答えが返ってきた。オールマイティは野良猫や子供に優しく語り掛け、賛美歌を高らかに歌いながら絵筆を走らせる。納屋に篭って、青空工房でベンチに腰掛け、歌い祈りながら、手拍子を叩き、彼にしか分からない祈りの言葉を発する。家族や友人とともに工房で過ごし、お気に入りの食堂で時に妻のつくるガーナ料理を堪能し、週末は教会と葬式へ行く。それが何ものにも替え難い彼の日常なのだ。師匠は続ける。

「ヤー、お前は私の弟子なのだから、お前が私の絵を日本で売ればいい。お前には日本を担当する許可を与える」

ほかの看板絵師や画家のように海外に行くことに興味がないのか尋ねたつもりが、日本の担当を任されることになってしまった。オールマイティは確かにアメリカやスイス、フランスやオランダなど、特定の仲介者を介して看板絵を売買したり輸送したりしているようだった。金銭問題によって信頼関係が壊れない限り、付き合いは半永久的に、一生続く。

師匠はいつもまっすぐで、祈りも、看板絵の制作も、思いのままに一直線である。フォスティーナの胸像は彼のまっすぐな妻への想い、感謝、敬慕が現れているし、アサンテ王の肖像画もまた、同様だろう。そんな人生における大切な人と生きるクマシでの生活と、制作の日々への想いを聞けたことは、弟子入りしたことの最大の収穫かもしれない。

旅のあとさき

私がガーナのクマシで参与観察したオールマイティゴッド看板工房では、日々祈りを捧げ、神と悪魔について語り、天国へと人々を導く、福音伝道の生活の中にあった。純粋なまでに己を見つめながらも、日々人々の望みや注文に応え、曲がった定規で過去の作品から微妙なズレを生み出し、新たな価値を積み重ねていく。絵師が日々を生きるのは、地に足をつけた土地の慣習や固有の身体感覚である。だから、自分の看板絵がどこか遠く海を渡って展示され、印刷されようとも、それによって日常の生活や彼の「芸術／アート」がブレることは無い。オールマイティにとって、ガーナ料理を食べて家族とクマシに生きることが、天国への道だからだ。

ただ本人が達観してすでにもう気にしなくなっていても、二〇一三年にはオールマイティの看板絵が、小沢剛の看板絵プロジェクトの展示に伴い初来日を果たした。最初は神奈川県の「ヨコハマ創造都市センター」に展示され、その次は福島県の「はじまりの美術館」を巡回した（写真49、50）。その後、アジア最大の現代美術館として開館される「M＋香港」に長期滞在することを約束されている。本書が出版される二〇二〇年には、ガーナ以降、世界各地を訪れ続けた小沢の「帰って来た」シリーズが新旧揃い、弘前れんが倉庫美術館で一挙に公開される。ガーナの国民的歌手、キング・アイソバが歌う「Ｄｒ・Ｎ」にも出会える貴重な機会だ。

　オールマイティは小沢の着想、すなわち野口英世の末裔アクラ生まれのＮことブラック・ノグチとして蘇り、放射能技師として祖先の故郷へ舞い戻る、という物語を聞くやいなや、正式に委託契約を交わす前にケンテを羽織った祖先野口の肖像の制作に取り掛かった。オールマイティは価格交渉にシビアだったので、私は当時とても驚いた。

写真 49　小沢剛「帰ってきた Dr.N」展カタログの表（右）と裏（左）表紙

　彼が突き動かされるように描いた野口のケンテの羽織り方、胸像のアングルは、ガーナに関わる者ならば誰もが見慣れたあの肖像、独立演説を行ったときのクワメ・ンクルマの装い、流通する写真のイメージを想起させる。この模倣はオマージュとして観る者により幅のある感慨を与える。エキゾチズム、正統性、それは鑑賞者に委ねられ、作り手は自己と自らを取り巻く生活や土地の記憶を自由に、純粋に、そして時にしたたかに発露するのみである。

写真 50　小沢剛の「帰ってきた Dr.N」の制作風景（2013 年 4 月クマシ、写真協力：小沢剛）

　このブックレットの執筆前、二〇一九年の五月、私はニューヨークはマンハッタンで開催された「１－５４コンテンポラリー・アフリカン・アート・フェア」を訪れた。近年アフリカの同時代美術を取り巻くアート市場の動きはめまぐるしい。間大西洋のギャラリーがひしめくように並び、新進気鋭の作家の作品が会場を埋め尽くす。その中でパリの老舗のギャラリーがシェリ・サンバの作品を展示していた。もはや「古典(クラシック)」の域である。ニューヨークの「1-54」では、キンシャサ出身で自国の政府公社に勤める、あるアフリカ人青年に出会った。十か月後に「アートフェア東京」で再会すると、彼は自国の出身の二世、三世の移民として欧州で生活するディアスポラによる同時代美術の作品購入が右肩上がりだと力説した。彼の手元にあったオークションハウス「ボンハム」が発行する最新のアフリカンアートの冊子に目をやると、アフリカの美術品として最高値を更新し落札されたというナイジェリアの作家の絵画が表紙を飾っている。そのカタログに私はオールマイティの昔の作品を数点発見した。「ボンハム」のカタログは世界中の人々の手に渡る。否、オークションという性質上、手にする人間は近代西洋の圏内か、現在購買力を伸ばしているディアスポラのアフリカ人達だ。土地に根ざした日常の営みと植民地化の歴史からから生まれ芸術を、大陸の日常とはかけ離れた日常を送る人々が、欲しているのである。その瞬間、オールマイティの作品は軽々とその境界を飛び越える。アサンテの暮らしを塗り込め、その信仰心ゆえにオールマイティゴッドとまでさえ自画像に署名する不可思議な看板絵が、海を越え、大陸を超えて旅をして、異郷に渡る。オールマイティはどんな価値が、どんな価格がそこでつけられようとも、動じず日々をクマシで生き、看板絵を描き続ける。それが彼の人生だからだ。看板絵師は、単なる画家ではない、「チレチレニ」と呼ばれる所以だと、私は師匠に対して感じざるを得ない。

注

(1) Me krom メクロムは、チュイ語語で My town / country 私の町、私の国、という意味。
(2) アカン系諸族の多数派であるアサンテ族が話す言語はチュイ語と呼ばれる。アカン語については[古閑 二〇一二]が詳しい。
(3) Pidgin English 他の言語と混成した英語。アクラではチュイ語やガ語が混成し、/r/ や /th/ が抜け落ちる特徴がある。
(4) 「ヴェジタブル・ウェポン」などユニークな作風や「醤油画資料館」などユーモアある批判精神で知られる日本の現代美術家。「西京人 Xijing Men」や「昭和四十年会」としても活動する。小沢は以前にウガンダを訪れた際に、街角の看板絵が印象的だった様子を綴っている［梶・小沢　二〇一〇］。現在は東京藝術大学先端藝術学科表現科で教える。（https://www.ozawatsuyoshi.net/biography/）

（5）第5回アフリカ開発会議（TICAD V）パートナー事業「小沢剛　高木正勝　アフリカに行く」――日本とアフリカを繋ぐ2人のアーティスト――展。会期：二〇一三年五月二五日～六月九日。会場：ヨコハマ創造都市センター。公式カタログ［国際交流基金　二〇一三］を参照。

（6）アクラ郊外のテシでは、装飾御輿から発展した装飾棺桶がつくられるようになった。漁師の町なので魚や海老の装飾棺桶が有名だが、故人の職業や好みにちなんだ様々な造形がつくられる。ガ族の儀礼と造形、美術史との関係は［Tschumi 2014］を参照されたい。

（7）ガーナの髪結いの女性たちの経済活動については［織田　二〇一一］に詳しい。

（8）ミゾハギ科の植物ヘナの葉を用いる身体装飾で、二週間ほどで消える。ガーナではインド系やレバノン系住民に親しまれ、ムスリムの多いゾンゴ地区で美容院の看板絵でヘナタトゥを宣伝するのを見かける。

（9）一般的に男性の髪をカットする店をbarbershop、女性の髪や爪を整える店をhair salon / beauty salonと呼ぶことから、前者を床屋、後者と美容院とした。アフリカの人々は縮れ毛を昔から様々な方法で結い上げ、それは時にその人の社会的地位や役割、民族的な出自、各人の好みの表明や、自らの年代組などを示してきた。

（10）キャッサバとプランテーン（食用バナナ）を蒸かして杵と臼でつき、餅状にしたものを手でちぎり、スープをつけながら食す。

（11）元はWolof Riceセネガルが発祥だと考えられているが、西アフリカ全域で広く食される、トマトベースの味付けの炒飯に鶏肉の付け合わせ料理。ナイジェリアとガーナはどちらのジョロフライスが美味しいかを流行歌や日常会話で競い合う。

（12）奴隷貿易によって強制的に移動させられた黒人祖先をもつ北米、カリブ海、南米、そしてアフリカに生きる黒人を含む、大西洋の両岸に横たわる黒人文化圏をここでは指す。いかにして二〇世紀の黒人という個体が形成されたかについては、［真島一郎編　二〇一一］を参照されたい。

（13）ケンテkenteはアカン族やエウェ族の人々の間に伝わるシルクや綿で織られた織物で、色や模様で様々な意味を伝える。アサンテ王国では王のためにケンテを織る男性の職人集団が、王都クマシの一角に居住していた。現在は男女問わずケンテ織物で正装をこしらえるなど、現代生活においてもガーナ人にとって重要な布である。

（14）アディンクラAdinkraとは、布や床机、陶器などに適用される文様で、それぞれに諺、意味がある。ケンテ同様にアディンクラについても［Rattray 1927］は古典。アディンクラの図表はアフリカだけでなく北米やカリブ海でも広く流通している。アカン系の真鍮や金の分銅などの立体造形についての論文、［Labi 2009］を紹介したい。

（15）コラの実 kola nut は、西アフリカ沿岸部の熱帯雨林に原生するコラと呼ばれる木に成る実で、カフェインを多く含む嗜好品であり、コカコーラ飲料の名称はコラの実が語源といわれる。西アフリカではサヘル地域の諸王国と沿岸部の交易では、コラの実は高価な嗜好品として、織物や奴隷と取引された。詳しくは［石井　二〇〇七］を参照されたい。

（16）一九世紀にガーナを含む西アフリカ沿岸部で発達したポピュラー音楽。土着のリズムや語りと、ギターやブラスバンドなど西洋の要素が融合した音楽形式。特に沿岸部で発達し、対象は富裕層から庶民へと移っていった［Collins 1976］。

（17）東アフリカの公共バス。派手な体躯は、時にスプレー缶などヒップホップのグラフィティ的に装飾されている。

（18）Susan Vogel。アフリカ美術専門の美術史家・キュレーター、近年は映像を制作（http://www.susan-vogel.com）。

（19）アカン族は母系の出自により継承していく母系社会である。アカンの母系社会を含むアフリカの都市世界の概要については［嶋田・松田・和崎編　二〇〇一］を参照されたい。

（20）Trotro 中古のマイクロバスを改良して公共バスとして庶民の足となる。メイツ（車掌）やドライバーの特徴的な掛け声で行き先が分かる。バスの内部は三列、四列シートで各列四席程がもうけられ、行き先分の運賃を手渡しで前方へ送りメイツに届ける。

（21）ガーナ南部の公共圏におけるペンテコスト主義的キリスト教の影響については［Mayer 2004］に詳しい。アフリカのキリスト教と霊性については［落合編　二〇〇九］、近代性と呪術などに関しては、［阿部・小田・近藤編　二〇〇三］を参照のこと。

（22）Vodun, Vodu, Voodoo などと呼ばれるガーナ東部及び隣国のトーゴやベニンにまたがり住むエウェ族やフォン族の人々の信仰体系。ガーナ南部の土着の超常現象や精霊信仰、卜占については［石井　二〇〇七］に詳しい。

（23）Revodution (2016) Like a knife: The Real Vodu（https://youtu.be/pFP9PimPAA/）。

（24）水の精霊。西アフリカから中央アフリカ沿岸部にかけて広く信仰されている。［Drewal 1996; 石井　二〇〇七、二〇〇九］に詳しい。

（25）模様や文字などを切り抜いた型紙の上から塗装をし、その模様や文字を摺り込む方法。

（26）トウモロコシ（メイズ）を挽いて粉にして、鍋で水と混ぜながら徐々に水分を飛ばす。発酵させた主食はケンケーと呼ばれる。バンクは発酵はさせないがほのかな酸味が特徴で、フフのように柔らかいので指で切ってスープと食す。

（27）The Human eye is one of the most marvelous structures Known to Man. It is a masterpiece of design and expression. The Human Eyeball is a living camera. The fact that it is so small makes it all that more wonderful. Please treat your eyes like a King or Queen. The Painter Kwame Akoto glanced on mirror and painted this pasterpiece. The Artist Advice: Please be careful of the lust of the EYE（大文字は原文ママ）。

（28）"Ani hunu adeɛ a, ɛdi bi". If the eyes see something, they eat a bit. (When something attracts us, we can't take our eyes from it.)［Appiah & Applab & A gyemun-Duah 2007: 196］。

（29）土着の精霊信仰や宗教実勢を総じて批判的に捉え、妖術や邪術を含めて指し示すときに現地では Juju と表現するため、ここでは呪術とした。最近の報告として［Grossi 2017］を紹介したい。

（30）“By All Means Satan Will Die”

（31）Zondervan (2002) The NIV/KJV Parallel Bible, Large Print. Michigan: Zondervan。欽定訳聖書ともいう。英国王ジェームズ一世が国教会の典礼で用いるために使用したといわれる。現代英訳である新国際訳と併記されている聖書をもらった。

（32）クマシを拠点とし、各地に支部を持つ独立教会。一九八七年にアルフレッド・ニャメチェ牧師により創始された。

（33）“How art thou fallen from heaven, O Lucifer, son of the morning! How art thou cut down to the ground, which didst weaken the nations! For thou hast said in thine heart, I will ascend into heaven, I will exalt my throne above the stars of God: I will sit also upon the mount of the congregation, in the sides of the north: I will ascend above the heights of the clouds; I will be like the most High. Yet thou shalt be brought down to hell, to the sides of the pit.”

（34）“Mami Wata: Never go to Mami Water for help she will kill you or let you go mad. Rather go to God, go to Jesus Christ.”

（35）伝統的な慣習、例えば祖先崇拝や精霊祭祀を実践し、信仰して生きる人々に対する、それ以外のキリスト教徒からの呼称。

参考文献

Adjei, S., K.

2019　Philosophy of Art in Ewe Vodu Religion. (PhD Thesis) Legon: University of Ghana.

Appia, P., & Appiah, K. A., & Agyeman-Duah, I.

2007　*Bu Me Bɛ: Proverbs of the Akans*. Oxfordshire: Ayebia Clarke Publishing Limited.

Barber, K.

1987　Popular Arts in Africa. *African Study Review*, 30(3), pp.1-78.

Beier, U.

1971　Signwriters Art in Nigeria. *African Arts* 4 (3), pp.22-27.

1976　Middle Art: The Paintings of War. *African Arts* 9 (2), pp.20-23.

Collins. J.

1976　Comic Opera in Ghana. *African Arts* 42(3), pp. 1, 4-8.

Cristofano, M.

2014 Signwritting in Ghana- from Handmade to Digital. Critical Interventions: *Journal of African Art History and Visual Culture,* 8, 37-41.

Drewal. H. D.

1996 Mami Wata Shrines –Exotica and the Construction of Self. Arnoldi. M. J, Geary, C. M. & Hardin, K. L.(eds.) *African Material Culture.* Bloomington: Indiana University Press. Pp. 308-333.

2008 *Mami Wata: Arts from Water Spirits and Its Diasporas*. [Exhibition catalogue]. CA: Fowler Museum at UCLA.

Grossi, A.

2017 Wichcraft and religion in the process of the formation of the public sphere in Ghana. Pavanello, M. (eds.) *Perspectives on African Wichcraft*. London: Routledge.

Jewsiewicki, B.

1995 *Cheri Samba, The Hybridity of Art*. Quebec: Galerie Award African Art Publications.

1996 Zairian Popular Painting as Commodity and as Communication. Arnoldi. M. J, Geary, C. M. & Hardin, K. L.(eds.) *African Material Culture.* Bloomington: Indiana University Press. pp.334-355.

Kwame, A.

2007 *Kumasi Realism :1951-2007 An African Modernism.* London: Hurst & Company.

Labi, K. A.

2009 Reading in the intangible heritage in tangible Akan art. *International Journal of Intangible Heritage,* 4, pp.41-57.

Mayer, B.

2004 Praise the Lord: Popular Cinema and Pentecostalite Style in Ghana's Public Sphere. *American Ethnologist*, 31, 92-110.

Rattray, R. S.

1927 *Religion and Art in Ashanti.* Oxford: The Clarendon Press.

Ross, D. H.

2004 Artists Advertising Themselves: Contemporary Studio Fasades in Ghana. *African Arts* 37(3), 72-79

2014 The Art of Alnighty God in His Own Words. *African Arts* 47(2), 8-27

Tschumi, R.

2014 *Concealed Art: The figurative palanquins and coffins of Ghana*. Bern: Till Schaap Edition.

Vogel, Susan. & Egong, I. (Eds.)

1991 *Africa Explorers: 20th Century African Art* [Exhibition catalogue]. NY: Centre for African Art.

Wendl, T.

2001 Visions of Modernity of Ghana: Mami Wata Shrines, Photo Studio and Horror Films. *Visual Anthropology*, 14, 269-292.

Weiss, B.

2009 *Street Dreams & Hiphop Barbershop -Global Fantasy in Urban Tanzania*. Bloomington: Indiana University Press.

Wolfe, E. & Barcker, C. (Eds.)

2000 *Extreme Canvas: Hand-painted Movie Poster from Ghana*. CA: Dilettante Press

阿久津昌三

二〇〇七 『アフリカの王権と祭祀――統治と権力の民族学』京都：世界思想社。

阿部年治・小田亮・近藤英俊編

二〇〇七 『呪術化するモダニティ――現代アフリカの宗教実践から』東京：風響社。

石井美保

二〇〇七 『精霊たちのフロンティア――ガーナ南部の開拓移民社会における〈超常現象〉の民族詩』京都：世界思想社。

二〇〇九 「精霊の誘惑、図表との交感――ガーナにおけるマーミワタ・イメージをめぐって」落合雄彦編『アフリカン・スピリチュアリティ――多様なる宗教的実践の世界』京都：晃洋書店。

岩井宏賽

二〇〇七 『看板』（ものと人間の文化史一三六）東京：法政大学出版局。

緒方しらべ

二〇一七 『アフリカ美術の人類学――ナイジェリアで生きるアーティストとアートのありかた』東京：清水弘文堂書房。

落合雄彦編

二〇〇九 『スピリチュアル・アフリカ――多様なる宗教的実践の世界』京都：晃洋書店。

織田雪代

二〇一一 『髪結いの女性たち』京都：京都大学出版。

梶茂樹・小沢剛

二〇一〇 『ウガンダ・ノート』広島：大和プレス。

川口幸也
　二〇一一　『アフリカの同時代美術――複数の「かたり」の共存は可能か』東京：明石書店。
クリフォード、ジェイムズ
　二〇〇三（一九八八）『文化の窮状』太田好信・慶田勝彦・清水展・浜本満・古谷嘉章・星埜守之訳、東京：人文書院。
古閑恭子
　二〇一一　「標準語を持たないリンガ・フランカ――ガーナ、アカン語」砂野幸稔編『多言語主義再考――多言語状況の比較研究』東京：三元社。
国際交流基金
　二〇一三　『小沢剛：帰ってきたＤｒ．Ｎ』（展覧会カタログ）神奈川：ヨコハマ創造都市センター。
嶋田義仁・松田素二・和崎春日編
　二〇〇一　『アフリカの都市的世界』東京：世界思想社。
高根　務
　二〇〇三　『ガーナ――混乱と希望の国』千葉：アジア経済研究所。
ボアヘン・Ａ編
　一九九二　『ユネスコ・アフリカの歴史　第七巻（日本語版）植民地支配下のアフリカ一八八〇から一九三五年まで』東京：同胞舎。
真島一郎編
　二〇一一　『二〇世紀〈アフリカ〉の個体形成――南北アメリカ・カリブ・アフリカからの問い』東京：東京外国語大学アジア・アフリカ言語文化研究。
吉田憲司
　二〇一四　『文化の「発見」――驚異の部屋からヴァーチャル・ミュージアムまで』東京：岩波書店。
ルービン、ウィリアム
　一九九五（一九八四）『二十世紀美術におけるプリミティヴィズム展――「部族的」なるものと「モダン」なるものの親和性』吉田憲司訳、東京：淡交社。

あとがき

本書をお手に取ってくださりありがとうございました。紆余曲折を経て学問の世界に足を踏み入れた私ですが、本シリーズに名を連ねることができ、大変光栄です。

看板絵と絵師達との出合いにより、私は自己の根幹でもある芸術の世界につながり学問と実務の双方において糧とする生活を送るようになりました。そんな自分になれたのは、アクラで芸能や芸術を生業に生きる人々に出会い、鎬を削り真剣に生きる彼らの生き様やアフリカ中心主義的な思想、運動に触れたのが大きかったと思います。またその感覚を劣化させず維持出来たのは、冒頭に触れた以外にも青年海外協力隊以降、バックパックを背負い様々な地域に住む友人を訪ね歩いた、一つ一つの小さな移動の積み重ね、異なる背景を持つ人々や文化との混淆、自己が乖離するような苦渋の経験でさえ、その全てが私自身をつくり上げていると感じます。

誰しもが未曾有の経験をしている2020年は、私にとっても同様に変容の只中にある一年です。移動が制限され、移動の自由が侵される、自分の居場所の選択や、身の安全が外的要因に委ねられている状況です。

でもこの状況には既視感があります。それは出稼ぎのために土地を離れ移民として生き、ディアスポラとして異国に生きる友人の声です。身の安全が保障されないという状況は、本シリーズが対象とする地域の多くの人々が新植民地主義時代を、そしてポスト・コロナ時代を生きる、共通項でもあります。

世の中は様変わりしましたが、オールマイティ師匠は間違いなく、賛美歌を歌い手鏡を覗き込み、人々に説教と治療を施しながら、看板絵を描き続けていると思います。アフリカの芸術家にとり欧米での作品販売や興行収入が途絶えることは死活問題で、今後より深刻な影響を受けることは間違いないでしょう。インターネットを介した表現や創作が盛り上がる影で、だからこそ彼らは日々身銭を稼ぐために奔走しながら、各々の土地に根ざした活動や制作を地道に続けています。

私にとっては今期は家族を守りながら己を涵養し続けることが唯一にして最善の生きる道で、その意味において本書執筆は私にとり最高の機会でした。また帰国から三年経った今だから、落ち着いて当時を振り返ることができたと思えます。

最後になりましたが、要領も出来も悪い私を受入れ根気よく指導してくださった東京外国語大学の先生方と先輩方、留学と出版をご支援くださった松下幸之助記念志財団、温かく鋭いご助言をくださった風響社の石井雅社長と古口順子氏、叱咤激励くださった松下幸之助国際スカラシップフォーラム委員の皆様と留学生仲間たち、オールマイティ師匠と小沢剛氏、そして私を理解し応援してくれる日本とガーナとルーマニアの家族と祖先、友人達に、この場を借りて心より感謝申し上げます。

著者紹介

森　昭子（もり　しょうこ）

1983年、神奈川県生まれ。

2006年に青山学院大学国際政治経済学部を卒業後、みずほコーポレート銀行に3年間勤める。

2009年から2年間、青年海外協力隊としてガーナ共和国で活動する。

「SHOKOLA」名義でフリーランスの現地コーディネーターとして、TICAD5文化関連事業・国際交流基金主催『小沢剛、高木正勝、アフリカを行く』（2013年）等を手掛ける。

2014年に東京外国語大学大学院総合国際学研究科博士前期課程に入学、2018年に卒業（修士号取得）。

2016年から2017年の1年間、ガーナ大学アフリカ研究所に留学。

2018年より公益財団法人東京都歴史文化財団アーツカウンシル東京に勤務。

2020年に『萌える人類学者』（共編著、東京外国語大学出版会）を出版予定。

旅する看板絵　ガーナの絵師クワメ・アコトの実践

2020年10月15日　印刷
2020年10月25日　発行

著　者　森　昭子

発行者　石井　雅

発行所　株式会社　風響社

東京都北区田端4-14-9（〒114-0014）
Tel 03（3828）9249　振替 00110-0-553554
印刷　モリモト印刷

ISBN978-4-89489-286-6　C0039